4つの幸せホルモンを増やす
ポジティブ心理学

幸福感の法則

桜美林大学教授・身体心理学者
山口 創
Yamaguchi Hajime

さくら舎

はじめに——自分で「幸せの種」を育てる

長い人生の旅路では、暗く険しい道のりがあるものです。しかし暗闇でもがき苦しんでいるときでも、幸せの灯を灯《とも》すことはできます。

幸せとはそんな優しい灯だと思うのです。

世間には幸せになるための条件というものがあって、あたかもそれを手に入れると幸せになれるかのような誤解をしている人がいます。シンデレラストーリー然《しか》り、お金持ちになれば幸せになれると信じて疑わない人もいるでしょう。あるいは自分よりも下と思う人と無意識のうちに比べることで、自分のほうがマシだと優越感を覚え、それを幸せだと勘違いしている人もいるでしょう。

残念ながらどれも間違っています。幸せとは、条件を達成することで得られるものではありませんし、他人と比べることで感じられるものでもありません。

本書で紹介している幸せは、外にある何かを手に入れることで得られるものではなく、日常で誰でも自分で生み出すことができる感情です。本書ではこれを「幸福感」と呼ぶことにします。

それは、目の前にあってすぐに感じられることの重要性を強調するためです。幸福感は追い求めて手に入れるものではなく、自分自身で生み出せるものなのです。

私たちは日常生活で、ほとんど気づかないけれど、常に幸福感を意識しながら生活しています。どうしたらあの人とうまくいくだろうか、どうしたら褒《ほ》められるだろうか、あの人と比べて私はどうして魅力がないのだろう、などなどです。それは私たちの日常のほとんどが、幸福感とは反対のネガティブな状態にあるからです。

日常生活では、不安や不満、怒りや悲しみといったネガティブな感情に囚《とら》われがちです。そのように、私たちの生活は放っておくとすぐに暗闇の迷路の中に入りこんでしまうようにできていて、すぐにネガティブな感情でいっぱいになってしまうのです。

こうした感情は人が古代から身につけた生存本能から生まれるもので、確かに必要な側面もあるのですが、幸福感を妨げる最大の要因にもなっています。

だから幸福感を感じるためには、ネガティブな感情に対抗するための戦略を身につけることが必要なのです。ネガティブな感情を制した上で幸福感を生み出すことが必要なのです。

誰もが手っ取り早く感じられる幸福感は「幸せの種」だといえます。幸せの種は、ネガティブな感情に対抗してそれを鎮《しず》めてくれて、代わりに心の安定や気持ちよさ、喜びなどのポジティブな感情を生み出してくれます。

そして毎日、幸せの種を大事に育てていくと、ぐんぐんと大きく育って、やがて人生に豊かな彩りをもたらしてくれるでしょう。

幸福感の根幹をなす種は、神経伝達物質であるドーパミン、オキシトシン、セロトニン、エンドルフィンといった幸せホルモンです。これらのホルモンは、それぞれが異なる役割を果たし、私たちの心身のバランスを調節しています。そのため、これらのホルモンの働きを理解し、その活性を促す方法を知ることが、幸福感を高める上で重要なのです。

ドーパミンは、報酬や喜びの感覚と深く関わっていて、新しいことに挑戦する意欲を生み出す原動力となります。オキシトシンは「絆《きずな》ホルモン」とも呼ばれ、親しい人との愛情や信頼、親密さを促す働きがあります。セロトニンは、気分の安定や睡眠の質向上を促し、ストレスをやわらげ、前向きな気持ちを育《はぐく》みます。エンドルフィンは、運動や親しい人間関係を楽しむときに分泌され、心身の状態を調整してくれます。

これらの幸せホルモンをバランスよくたくさんつくるためには、その順番もとても大切です。順番については本書で詳しく書いたので、それを参考にしてください。

本書では幸福の種ともいえる幸せホルモンに着目し、幸せホルモンを増やすための方法について詳しく解説します。運動の取り入れ方、食事のバランス、姿勢のとり方、感謝の実践、対人関係のスキルアップなど、さまざまな視点から幸せへの道筋をお伝えします。

また、幸福感を妨げる要因やホルモンのバランスを乱す要因にも焦点を当て、それらを制するためのアプローチを示します。

幸福感で彩られた生活を送るためには、知識と実践の両輪が必要なのです。

4種類の幸福の種は、誰でもそれぞれの頭の中にあります。それを適切なタイミングで撒《ま》いて、肥料を与えて育ててあげれば、その先にあるより充実した人生を歩む手助けとなることは疑う余地もありません。

遠くにある（かもしれない）幻想としての幸福を夢見るよりも、まずは足元にある生活の中で小さな幸福の種を撒いていきましょう。

山口《やまぐち》　創《はじめ》

◎目次

第3章 オキシトシンがつながりを深める

第4章

セロトニンが不安やうつを遠ざける

第5章

エンドルフィンが痛みや苦痛をやわらげる

第6章

性・ストレス・睡眠へのホルモンの関わり

第7章 毎日続けたい幸せホルモンを増やす方法

第8章 幸福感が高まる生き方

幸福感の法則

——4つの幸せホルモンを増やすポジティブ心理学

【第1章】

幸せホルモンで幸福感が生まれる理由

4つの代表的幸せホルモンDOSE

幸せになることは、人生の究極の目標といっても過言ではないと思います。

人は幸せになるために生きているのだ、と。

巷《ちまた》には、実に多くの幸福になるための書物があふれています。

しかし本書で紹介しようとしているのは、いわゆる幸福論ではありません。幸せを感じるときは、まさに人それぞれだからです。

そのような幸福論を追求しても、一般化するのはなかなか難しいのです。

それなら、そのような幸福論ではなく、**日常で誰でも自分でちょっとした行動を変えるだけで幸せを感じるような工夫をしてみることのほうが、幸福への近道**だと思うのです。

たとえば本書では、姿勢を整えることで幸せホルモンが増えることを紹介しています。姿勢を整えるだけで幸せになれるの？　と多くの方は疑問に思うでしょう。私も最初は半信半疑でした。

しかし実際に日頃から姿勢を意識するようにしていると、いろいろなことが変わってくることを実感しています。その理由は次のように説明できます。

多くの人は、自分でも気づかないうちに姿勢が丸くなっています。重力が人体にのしかかる力は相当強いからです。しかし日常でちょっと姿勢を意識して、胸を張ってみるようにするだけで抗重力筋（119ページ参照）が刺激されて、幸せホルモンのセロトニンが増えてきます。すると自分に自信が出てくるのが感じられるでしょう。

自信を持って自己肯定感が高まると、人は積極的に行動するようになります。こうして、間接的でも小さな行動を続けるうちに、徐々に積極的な行動をとるようになり、自己実現という大きな目標に近づいていくことができるのです。

本書では代表的な幸せホルモンを4つ取りあげます。これらのホルモンは、自分で分泌させることができて、即効性があります。ここではその概略を簡単に紹介しましょう（**図1**）。

これら4つは、それぞれの頭文字をとってＤＯＳＥと呼ばれています。

これら4つのホルモンは、大きくは**図2**のように分類することができます。

図2の縦軸は「覚醒——鎮静」の軸です。横軸は「自己指向的・スピード感——他者指向的・ゆっくり」の軸です。まずは覚醒水準を高め、自分の目的を達成するための行動を引き起こすのがドーパミンです。

そして目標を達成した結果、心と身体にブレーキをかけて元の状態に戻し、快楽のご褒美《ほうび》を与えてくれるのがエンドルフィンです。

セロトニンは自分の心と身体をバランスのとれた状態にしてくれます。朝、目覚めて活動状態に入るときには、自律神経の交感神経を刺激して覚醒状態を高めてくれたり、表情筋や姿勢筋の働きを強めたりする作用もあります。また他人と比べて優位だと感じたときにも分泌されて自尊感情を高めてくれます。

図1　代表的な幸せホルモン

ドーパミン（Dopamine）	報酬系や快感を制御する役割を果たすホルモンです。物事を達成しようと夢中になっているときなどに放出され、やる気や集中力を高めてくれます。一方でドーパミンの過剰な放出は、薬物やギャンブルなどの依存症の原因にもなります。
オキシトシン（Oxytocin）	「絆ホルモン」とも呼ばれ、社会的な絆や信頼、愛情関係の形成に関与します。出産時には赤ちゃんと母親の絆を強化し、親子の絆を深める役割を果たします。身体的な接触や利他的な行動によって分泌されます。
セロトニン（Serotonin）	幸福感、安定感、リラックス感を調節するホルモンです。不足するとうつや不安などの精神的な問題の原因にもなります。食事やリズム運動、睡眠などがセロトニンの分泌に影響を与えています。
エンドルフィン（Endorphins）	身体的なストレスや痛みに対する自然の鎮痛物質として知られています。運動や笑い、楽しい体験などによって放出され、痛みを軽減したり、心地よい気分をもたらす役割を果たします。

図2　ＤＯＳＥを分類

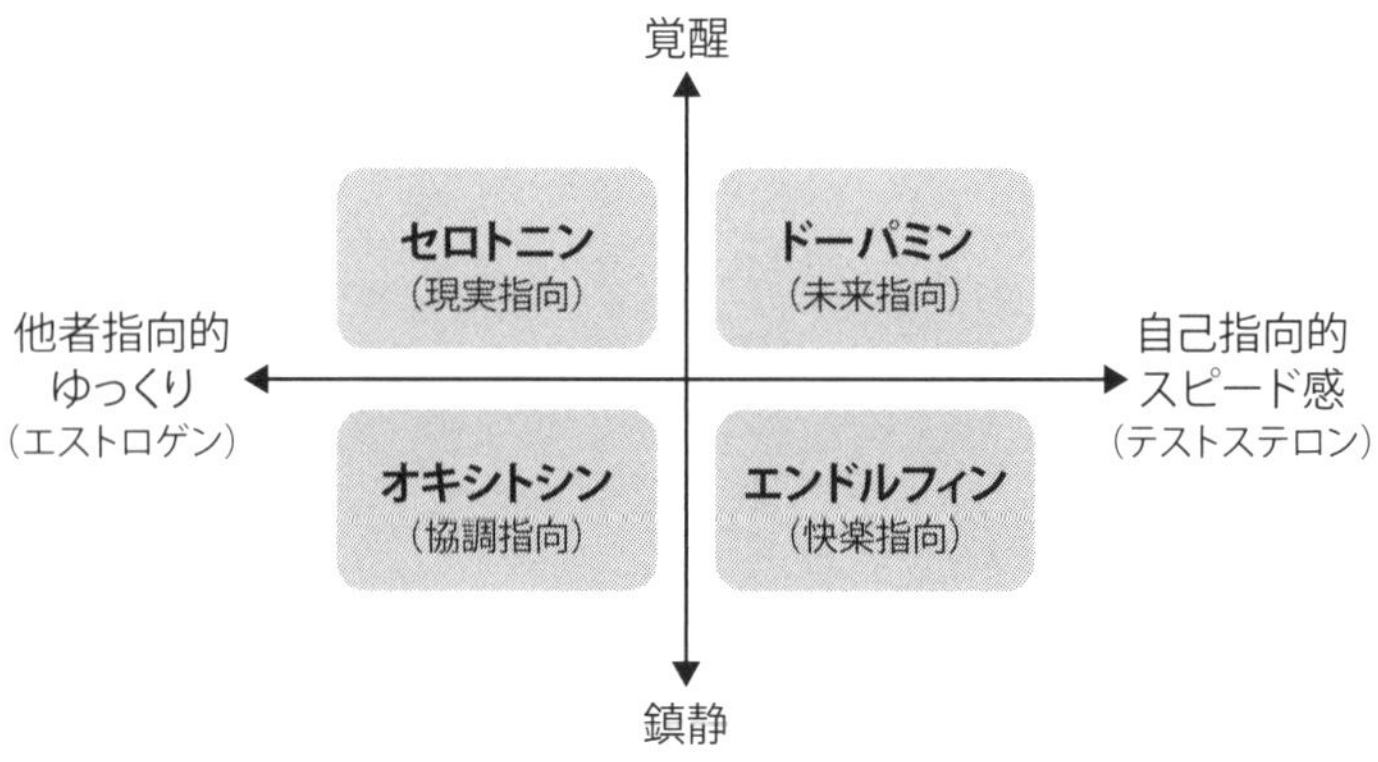

オキシトシンはリラックスして親しい人とふれあう愉悦という幸福感をもたらしてくれます。

DOSEは「成功ホルモン」とも呼ばれています。それは穏《おだ》やかな気分になるだけではなく、エネルギーに満ちあふれ、楽観的になり、人々とのつながりが深まり、集中力が高まり、やる気が出て、リーダーシップのスキルが身につき、仕事に対する自信が生まれるからです。

現在の仕事や家庭の環境を変えたり、人を変えたり家族の行動を変えることは難しいですが、自分自身の行動を変えたり、食事の習慣を変えたりするのは容易なはず。それだけで幸せホルモンは分泌されるのです。

多くの研究によると、幸福感に影響している要素の中で、遺伝的なものの影響は小さく、3〜4割程度です。そして環境的な要因は6〜7割なのです。つまり**幸福感は自分でコントロールできる要因のほうがはるかに大きい**のです。

自らの行動を少し変えてみようと努力すること、その努力を支える意思《いし》さえあれば、トレーニングやエクササイズを通して幸福感を高めることができるのです。

分泌の順番が大事

この4つの幸せホルモンは、どのような順番で分泌させていくのがよいでしょうか？

4つのホルモンは、いずれも私たちが動く、あるいは行動することに関係しています。

その中でもドーパミンは、行動の「原因」になっています。そのほかの3つのホルモンは、ある行動をした「結果」として分泌されるといった違いがあります。

そこでまずは行動を起こす原動力としてのドーパミンを増やすことが必要です。そして行動をすれば、その結果として他のホルモンも分泌されてきます。

ドーパミンは人を興奮させてエネルギーを与えてくれるホルモンです。何かを追い求め、それを達成しようと夢中にさせてくれるホルモンです。そしてついに目標を手にした瞬間、エンドルフィンが出て至福な気持ちになって、その行動をストップさせます。すると脳はバランスをとろうとするため、ドーパミンが増えると今度は癒《いや》し系のホルモンであるセロトニンやオキシトシンが分泌されます。

著者はこの順序についてかなり悩みました。心の安定を最優先する考え方もあります。心が安定してこそ、親しい人と仲よくしようと思う気持ちが生まれ、親しい人がいるからこそ、何か目標を持った生活をしようという気持ちが芽生えてくる、という考え方もあるでしょう。

それはそれで間違いとは思いません。そのような順番が向いている人もいるでしょう。しかし、心の安定が得られたからといって、親しい人と仲よくする気持ちが生まれるとは限らないと思うのです。

同じように、親しい人ができたからといって、ドーパミンを分泌させるようなドキドキワクワクするような目標ができるとは限りません。セロトニンによる心の安定だけで止まってしまう人もいるでしょうし、オキシトシンによる仲よくできる友人がいれば満足、という人もいるでしょう。

著者は自分の人生を振り返り、まずはやはり**目標を持ってドーパミンを最優先した人生こそが、幸せを感じるためには大事**だと思っています。目標を達成するためのワクワクしたトキメキがあるからこそ、人は毎日輝いて生きる喜びを感じられるのだと思います。

◎人を幸せにする言葉は

図3は、大学生235人にアンケートした結果をテキストマイニングという手法を使って分析したものです。

「人から何と言われたときに幸せを感じますか？」という質問に自由に回答してもらった言葉について、どのような言葉が多く出てきたか、どのような言葉と一緒に出てきたか、といった観点から分類したわけです。

最も多くあがったのは、真ん中にある「感謝」の「言葉」を「言う（言われた）」ときだということがわかります。同じように「褒《ほ》める（褒められた）」ときや、左下のように「一緒」にいて「楽しい」と言われたり、「優しい」とか「面白い」と言われたり、人格をポジティブに認められたときも多くあがっていました。

図3　人に言われて幸せを感じる言葉

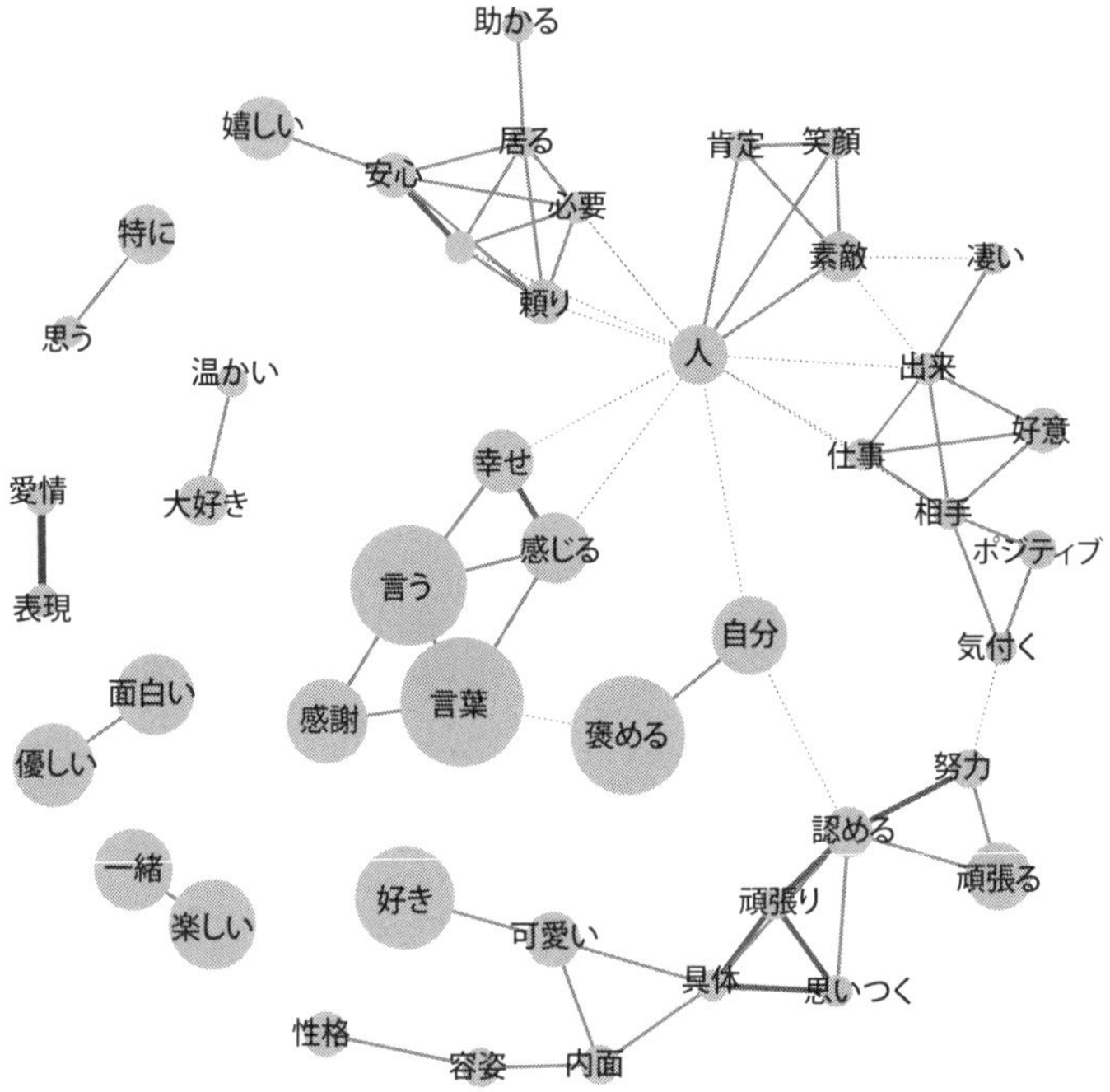

丸の大きさは出現頻度。大きい丸ほど多くの人が書いた言葉。
線はそれぞれの言葉のつながり。線が太いほどつながりが強い。

（出典：山口創研究室）

そして右下のように「努力」や「頑張る」ことを「認める（認められた）」こともあがっています。これらは、身近な人との関係で、相手に肯定的に認められたときといえるでしょう。すると、自分自身の生きている価値や、尊厳が認められると感じるからでしょう。

さあ、読者の皆さんも恥《は》ずかしがらずに身近な人に、感謝する言葉や、ポジティブに認める言葉をかけてあげてください。そして笑顔で接するようにしましょう。そうして相手が幸せを感じると、今度は翻《ひるがえ》って皆さんにも同じような言葉をかけてくれるようになるでしょう。

他人の行動を変えることは困難です。そんなとき、まずは自分から変わるほうが得策です。自分が変われば相手も確実に変わります。

幸せを感じるときは

また図4は、「あなたが幸せを感じるのは、どんなときですか?」という質問に対する回答を同じ手法を使って分析したものです。

すると、最も多くあがってきたのは、右上にある「食べる」でした。そして一緒に出てきた言葉として、「美味《おい》しい」「ご飯」、そして「好き」「人」といった言葉も一緒に出ていることがわかります。つまり、「美味しいご飯を食べること」で幸せを感じる人が最も多いことがわかります。これはエンドルフィンと関係しています。

しかもそれを「好きな人と一緒に食べる」ことをあげた人も多くいたことがわかります。

図４　幸せを感じるのはどんなとき？

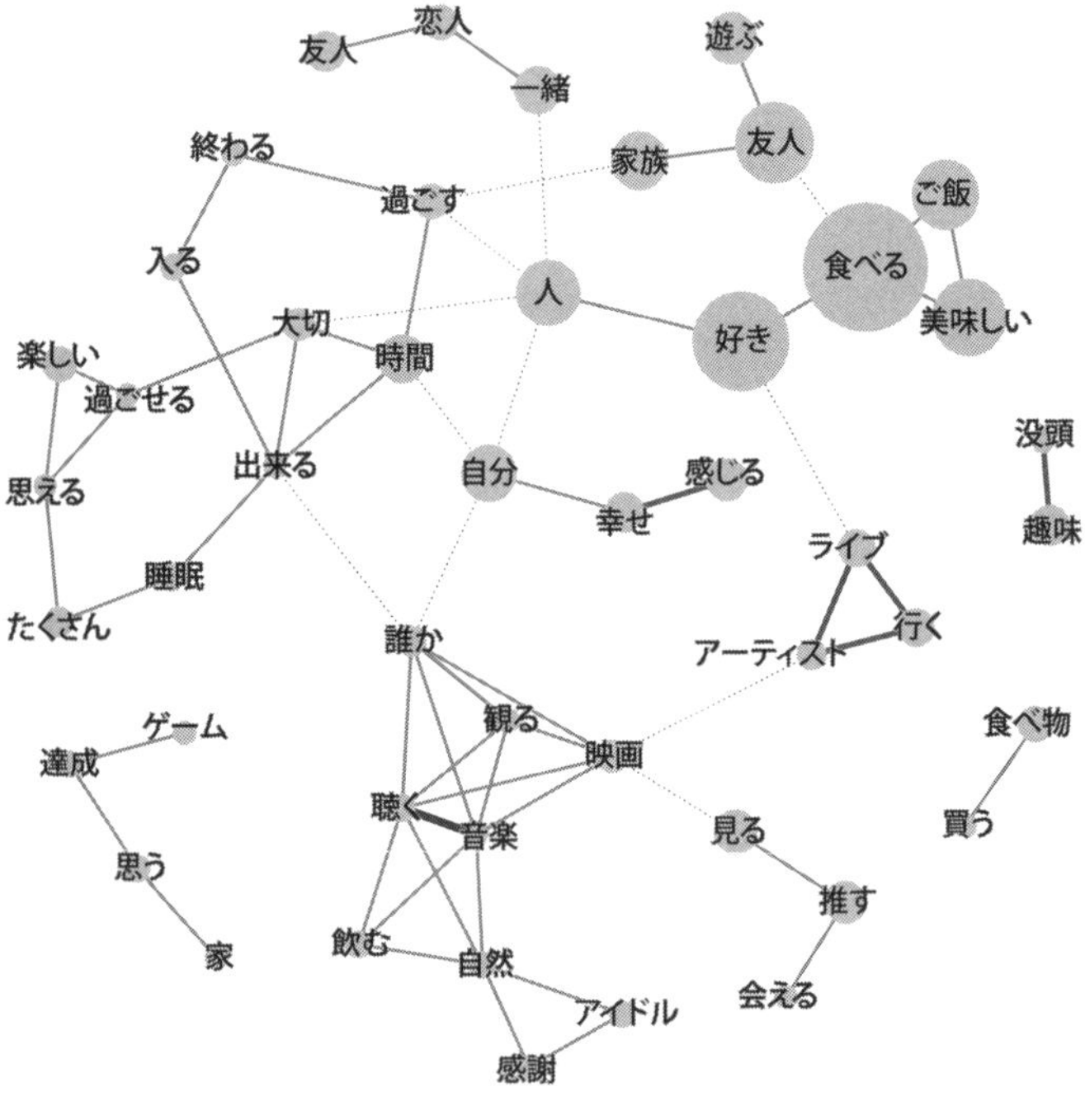

丸の大きさは出現頻度。大きい丸ほど多くの人が書いた言葉。
線はそれぞれの言葉のつながり。線が太いほどつながりが強い。

（出典：山口創研究室）

これはオキシトシンと関係しています。さらにその左には、「友人」や「家族」と一緒に「大切な」「時間」を「過ごす」こともあがっています。これはセロトニンやオキシトシンと関係しています。

一方で左下には「ゲーム」を「達成」することもあがっています。これはドーパミンと関係しています。

その右には「映画」を「観る」とか、「音楽」を「聴《き》く」などのカテゴリーもあります。これらは「推す」人を「見る」とか「アーティスト」の「ライブ」に「行く」といったカテゴリーとも近い関係にあります。これもオキシトシンと関係しています。

このように、人が幸せを感じる場面というのは、ほとんどがこれら4つの幸せホルモンのいずれかと関係していることがわかります。

男女で幸せホルモンはどう違うか

最近の研究によると幸福は、「感謝される」とか「褒められる」などの人間関係の要因だけでなく、身体的な要因も関連していることがわかってきました。

たとえば睡眠、適度な運動、食生活などが幸福感を向上させるのです。こうした身体のケアは、正しい知識を吸収すれば、誰でもすぐに実践することができます。

ただし注意しないといけないこともあります。男女によってホルモンが違うため、幸せホルモンの働き方も違ってくるのです（性ホルモンについて詳しくは第6章参照）。

たとえば男性の多くは、筋肉を鍛えてマッチョになりたいと思う人が多いと思います。しかし強くなれば幸福になれるわけではありません。確かに筋肉を鍛えて強くなると心も強くなります。しかし**心は強くなるほど、他人の痛みに鈍感になってしまいます**。

実際に2006年に、オランダの生理学者ハーマンズたちは、女性に男性ホルモンのテストステロンを投与する実験を行いました。テストステロンは元気ホルモンともいわれ、筋肉の増強などに関わっていて、男性は女性の10〜20倍分泌されています。実験の結果、信頼や共感といった感情を認識する能力が低下することがわかりました。テストステロンは感情を処理する脳部位の間の情報伝達を混乱させるからだと考えられています。

その理由は、競争相手を信頼したり、共感の気持ちを抱いてしまったりすることは、競争相手に勝つためには、妨害的に働くからです。

このことから、人は強くなると人の痛みに鈍くなることがわかります。人の繊細な心の痛みや苦悩にも気づけないばかりか、気づいたとしても共感しにくくなってしまうのです。相手の気持ちに鈍感で、信頼できなくなるため、相手との間に距離ができて、自分が相手より秀でていると勘違いしてしまうのです。

幸せの要素として、親しい人との交流は最も大事なことなのに、強さを手に入れることは幸せをむしろ遠ざけてしまうことがわかります。

むしろ強い、弱いは関係なく、あるがままの自分を認め受け入れることができて、他人の痛みに敏感な人が幸せになれるのだと思います。ホルモンでいえば、テストステロンの追求はほどほどにして、セロトニンも追求するようにしましょう。男性の場合、これらの両方を手に入れると最強です。強さと優しさを兼ね備えた男性になれるのです。

次に女性です。著者は、女性は男性よりも身体的に生きていると思います。身体と親和的に生きている、といったほうがわかりやすいかもしれませんね。

しかしその身体というのは、自分が慈《いつく》しんで内側から感じられる身体でしょうか。そうではなく、男性から見られる身体、社会から評価されることを意識した身体に慣れ親しんでいるのではないでしょうか。

確かに外側から見られる身体を意識することは美しさの追求につながります。しかし外側の美しさばかりを追求して、内面の美しさや自分を大切にする心を追求しない人は、結果的に美しくなれないと思うのです。

内面的に美しい人は、自分のことを愛し慈しむことを怠《おこた》りません。**自分を愛することができない人は、大切な人を愛することもできません**。ですからホルモンでいえば、外見的な美しさに関わる女性ホルモンのエストロゲンの追求はほどほどに、オキシトシンの追求を優先しましょう。女性の場合、これら両方を手に入れると心身両面の美しさを手に入れることができます。

◎生物にとっての幸せホルモンの役割

そもそも生物にとって幸せホルモンはどんな役割を持っているのでしょうか。

それは、**生存を確かなものにするために幸せな気持ちにさせる**ことです。

私たちの祖先は、約５００万年前にアフリカの豊かな森を捨てて、危険なサバンナに降り立ち、集団で互いを守りながら行動範囲を広げてきました。そうした一群の特徴的なサルたちが、やがて人類に進化したわけです。

ですから、私たち人間も、現状にただ満足して生きるよりも、いろいろなことにチャレンジしながら行動範囲を増やして生活したほうが、先祖から受け継がれてきた摂理に合っているのです。そのようなホルモンが、ドーパミンやエンドルフィンとして、私たちの脳に引き継がれています。

また私たちの祖先は、集団で生き延びることを選びました。そこでは他の人より優位に立とうとしながらも、互いに信頼の絆《きずな》を築く必要がありました。そのようなホルモンがセロトニンやオキシトシンとして、私たちに受け継がれています。

このようなことを知れば、私たちが快適な気持ちや幸せを感じるためには、どのように生活し、行動していくのがよいのか、自ずとわかってくるはずです。

つまり現在の状況に満足せずに、新しい目標にチャレンジしながらそれを追い求めて行動すること、そして仕事ではライバルより優位に立ちつつも、他のメンバーとも信頼関係を築くこと。

図5　タイプ別・年齢別幸せの特徴

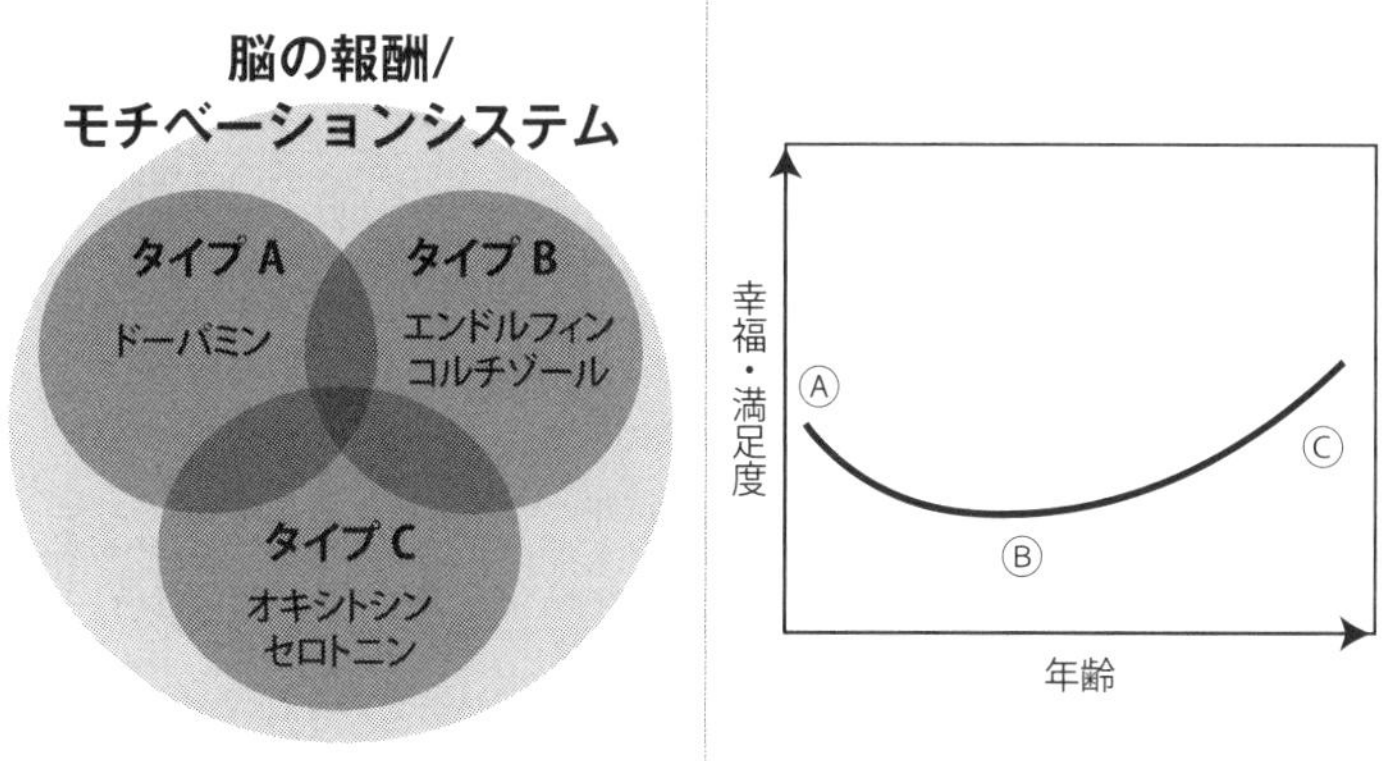

タイプ別、脳の報酬／
モチベーションシステム
（出典：Esch,T.(2022) より改変）

加齢によって幸福度／
満足度は上昇する
（出典：Esch,T.(2022) より改変）

そのようなライフスタイルが人を幸せに導いてくれるのです。

年齢で変わる幸せホルモン

幸福とは認知的な評価や判断ではなく、脳で感じる感情的なものです。ですから脳の機能の変化と密接に関係しています。つまり年齢によっても変化していくのです。そこで3つのタイプの幸福が提案されています（図5）。

＊タイプA（若者の幸福）

タイプAはドーパミンによる未来指向型のドキドキワクワク感です。そのような幸福感を追い求めているのは、特に若者です。

若いときは現状に満足せず物欲が強く、お金が欲しい、美味しいものが食べたい、素敵なパートナーが欲しい、セックスがしたいなどなど、将来への期待によって彩られています。そして好奇心が旺盛で、危険を冒してでも刺激を求めて冒険することでワクワクを追い求めます。若い人の幸福は、「最高の瞬間」を追い求める中に見つけられるものです。実際の研究でも、好奇心旺盛で、いろいろなことに情熱的に行動している人ほど、幸福感が高いこともわかっています。

またこの時期は、将来の自分についていろいろと考え、思い悩む時期です。そして理想を思い描いては議論したり空想したりする時期でしょう。

こうした将来に想いを馳《は》せることは、「今、ここ」の現実にはないことを考えている状態で、まさにドーパミンの作用でもあるのです。

恋愛に関してもそうです。若い人の恋愛は、情熱的に愛する／愛されることに恋焦《こ》がれ、胸のトキメキに恋愛の喜びを感じます。理想のパートナーを追い求めて、ドーパミンも最高潮に高まっていることでしょう。

こうした恋愛感情は、性欲とも結びついています。性欲は男性ホルモンのテストステロンと関係があります。理想のパートナーを見つけると、動物としての本能に目覚め、性欲も高まります。

しかしドーパミンはあくまで獲得するまでしか分泌されません。一度、相手を手に入れてしまったらドーパミンはゼロになってしまいます。するとテストステロンも下がっていきます。こうしてある人は、さらに理想のパートナーを求めて新たな旅を続けるでしょう。そして同じことを繰り返すのです。

しかしセックスによってドーパミンは減り、逆にオキシトシンが増えることになります。すると、それまでの熱く情熱的な恋愛関係は終わりを告げ、穏やかな信頼関係の絆を築くことの幸福感へと移行していくのです。

図6は10代と20代の２００人の男女を対象に、「幸せを感じるとき」について自由に書いてもらった結果をまとめたものです。

これを見ると、左下のように「美味しい」食べ物を「食べる」とか「寝る」など平穏な日常を送ることについて書かれた割合が多いものの、右上のように「好きな人と時間を過ごすこと」についても多く書かれていることがわかります。そして下のように「音楽を聴く」とか「欲しいものを買う」といった趣味についても多く書いてありました。

このように、若いときの幸福感は、ドーパミンによる自分の好きな趣味を追求する幸福の割合が高く、オキシトシンによる好きな人や家族、友人と過ごすこと、そしてセロトニンによる平穏な日常の幸福が続くことがわかります。

図6　10代20代の幸せを感じるとき

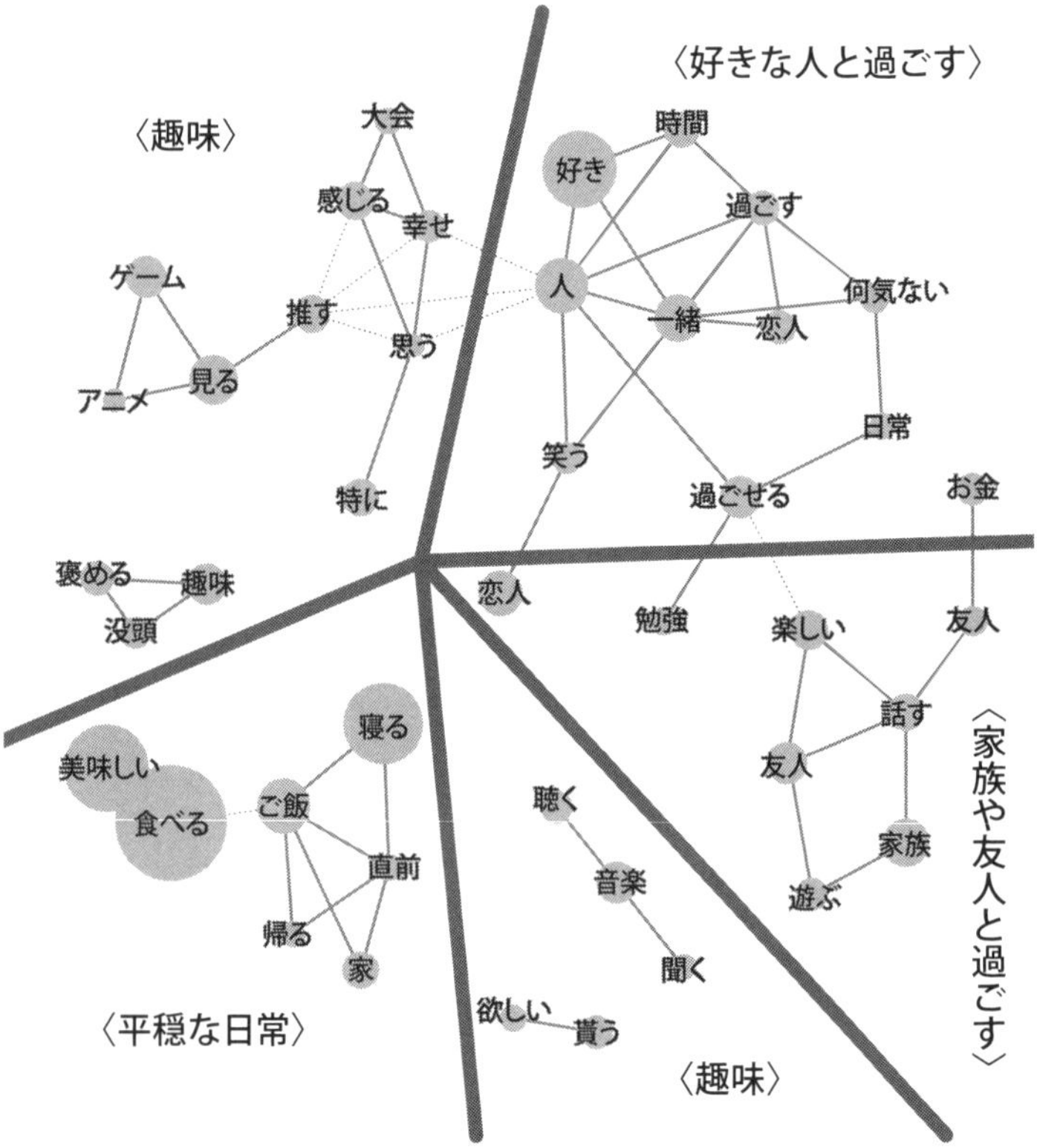

丸の大きさは出現頻度。大きい丸ほど多くの人が書いた言葉。
線はそれぞれの言葉のつながり。線が太いほどつながりが強い。

（出典：山口創研究室）

＊タイプＢ（成人期の幸福）

タイプＢは次の青年期から成人期の特徴でもあります。若い頃の、パートナーが欲しい、家が欲しい、車が欲しい、美味しいものを食べたいといった欲望に駆り立てられていた対象がある程度手に入り、今度はそれを手放さないように守りに入る時期でもあります。

しかしこの時期は安定を求める半面で、子どもができた（できない）、昇進した（失業した）など変化に富んだ時期でもあります。

変化とはよくも悪くもストレスのことです。この時期の人生は、次々と新しい出来事が起こっても、これまで通り自分を保ち続けて環境の変化に適応しながら、毎日を着々と過ごすことができる安心感がベースになっています。

ですからストレスに対してどのように対処するか、ということが幸福を決める大きな要素となります。そのためストレスによって分泌される抗ストレスホルモンをどのように減らすか、といったストレスマネージメントの方法を身につけておくことが大切です。

さらに、ストレスによって昂《こう》じた身体の反応に対して、パートナーとの愛情を確認したり、パートナーから思いやりのある言葉をもらったりすることも有効です。

これらはオキシトシンやセロトニンが関与する、関わりの中で生まれる安全性を求める状態です。

図7　30代～50代の幸せを感じるとき

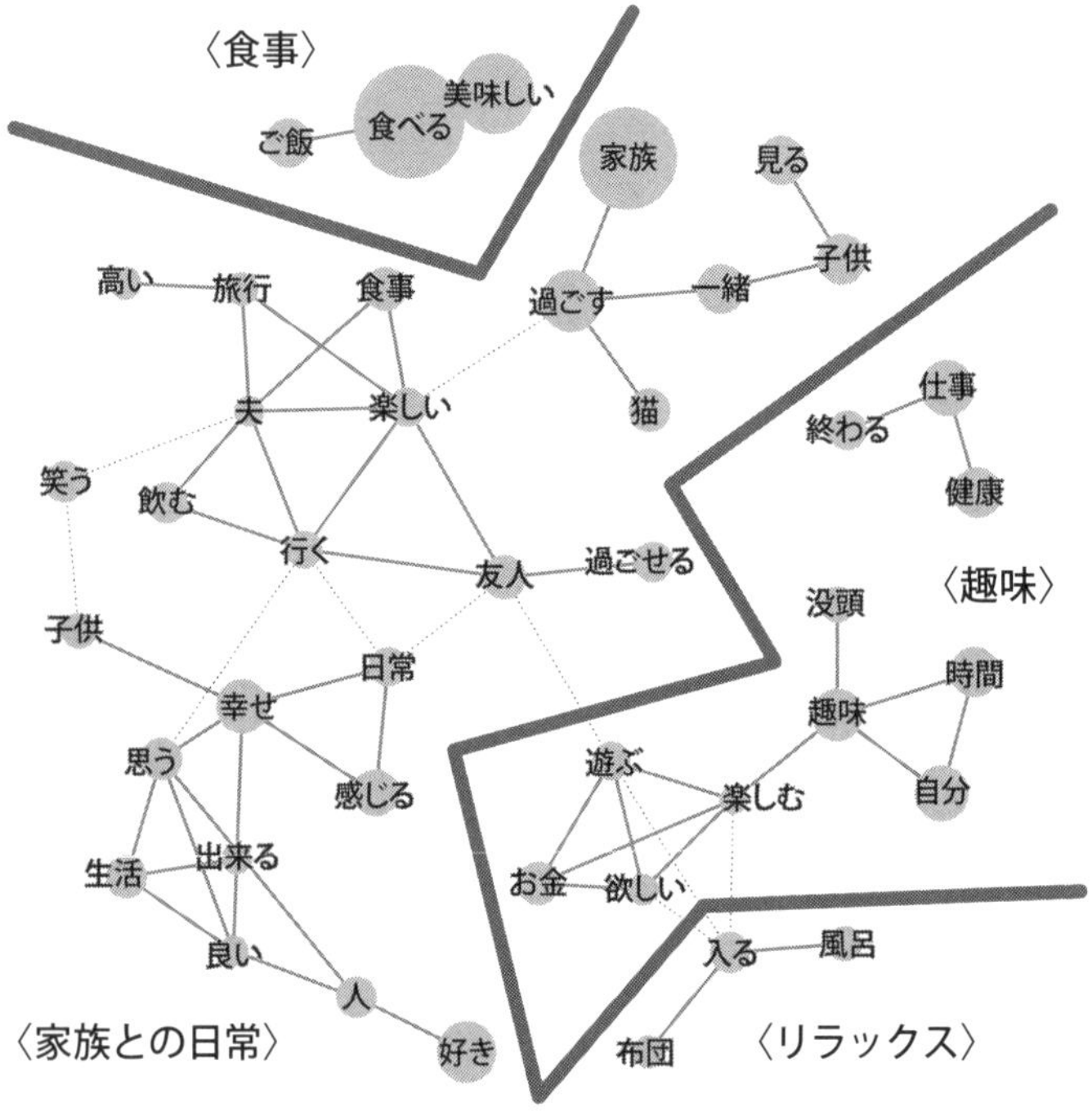

丸の大きさは出現頻度。大きい丸ほど多くの人が書いた言葉。
線はそれぞれの言葉のつながり。線が太いほどつながりが強い。

（出典：山口創研究室）

図7は30代から50代の３００人の男女を対象に、「幸せを感じるとき」について自由に書いてもらった結果をまとめたものです。

これを見ると、上にあるように「美味しい」食べ物を「食べる」ことで幸せを感じる人が多いのは、10代から20代の若者と同じですが、右のように「趣味」の割合が低下し、代わりに中心部の「家族との日常を過ごすこと」について書かれた割合が高くなっています。

やはり家族という安全な居場所を確保した上で、趣味を追求したり、仕事のストレスを解消することが幸せにつながっている様子がわかります。

＊タイプC（老齢期の幸福）

次のタイプCは老齢期です。老齢期は、病気や怪我などで喪失が大きく、それまでの健康な状態を維持することが難しくなってきます。やりたいことができない、欲しいものはほとんど手に入れた、などと意欲も低下してくるでしょう。そこでこの時期の幸福感は大きく下がってしまうと思われるでしょう。

しかし実際にはそうではありません。実際にデータをとって調べてみると、人生で最も幸せで満足しているのは高齢者なのです。この現象は「エイジング・パラドックス」としても知られています。**図5**の「加齢によって幸福度／満足度は上昇する」でもわかるように、概《おお》ねU字型になり、高齢期に幸福度が最も高くなるのです。

なぜでしょうか？

その理由として第1に、人は新しく何かを経験すると、はじめは感情的に大きな影響を受けますが、時間が経つにつれて慣れてしまい、感情の変動が少なくなるという心理的な適応という現象があります。

何を見ても驚かない、動揺しないようになるのです。年齢があがるにつれて、この心理的適応によって、幸福感が高まることがあるのです。

第2に、高齢者は何か不幸な出来事を経験したとき、それらのことを「仕方ないことだ」と捉え直したり、「運命だ」と納得しようとしたり、目標をあきらめたりすることが知られています。

このように、これまで掲げてきた人生の目標の達成が難しいと思ったときに、考え方や価値観を変えることで、幸福感を維持できるのです。

第3に、高齢者は残りの人生が短くなることを意識すると、幸福を求めようとする傾向が強くなります。そして無意識のうちにポジティブな気持ちが高まるような情報を選択するようになります。

たとえば高齢者はポジティブな気持ちが引き出される刺激（笑顔）と、ネガティブな気持ちが引き出される刺激（しかめ面）のどちらを好むか実験してみると、前者はよく注視しますが、後者は見ないことがわかりました。

このような傾向は、若者よりも顕著だったそうです。そのような結果は、まさにオキシトシンの作用によるものと考えられます。オキシトシンは、ポジティブな顔へのより好みが強まり、そのような顔の記憶が強まるからです。

つまり加齢に伴って幸福感を高めたい気持ちが強まり、その結果、そうした行動が実際に増えるために幸福感が高くなるのです。

図8は60代から70代の200人の男女を対象に、「幸せを感じるとき」について自由に書いてもらった結果をまとめたものです。これを見ると、下のように「美味しい」食べ物を「食べる」ことで幸せを感じる人が多いのは、若者から中年期と同じですが、右の「趣味」の割合がさらに低下し、代わりに左の「夫婦や友人」といった人間関係について書かれた割合が高くなっていることがわかります。さらに上では家族と元気に過ごすことや家族の健康についても多く書かれていました。

自分自身の健康や趣味もさることながら、家族単位で子どもや孫も健康に過ごせることが幸福に大きく関わっていることがわかります。

このように、人は一生の間に幸せホルモンの分泌の仕方が変化すると同時に、幸福の求め方や幸福の要素も変化していくのです。

図8　60代70代の幸せを感じるとき

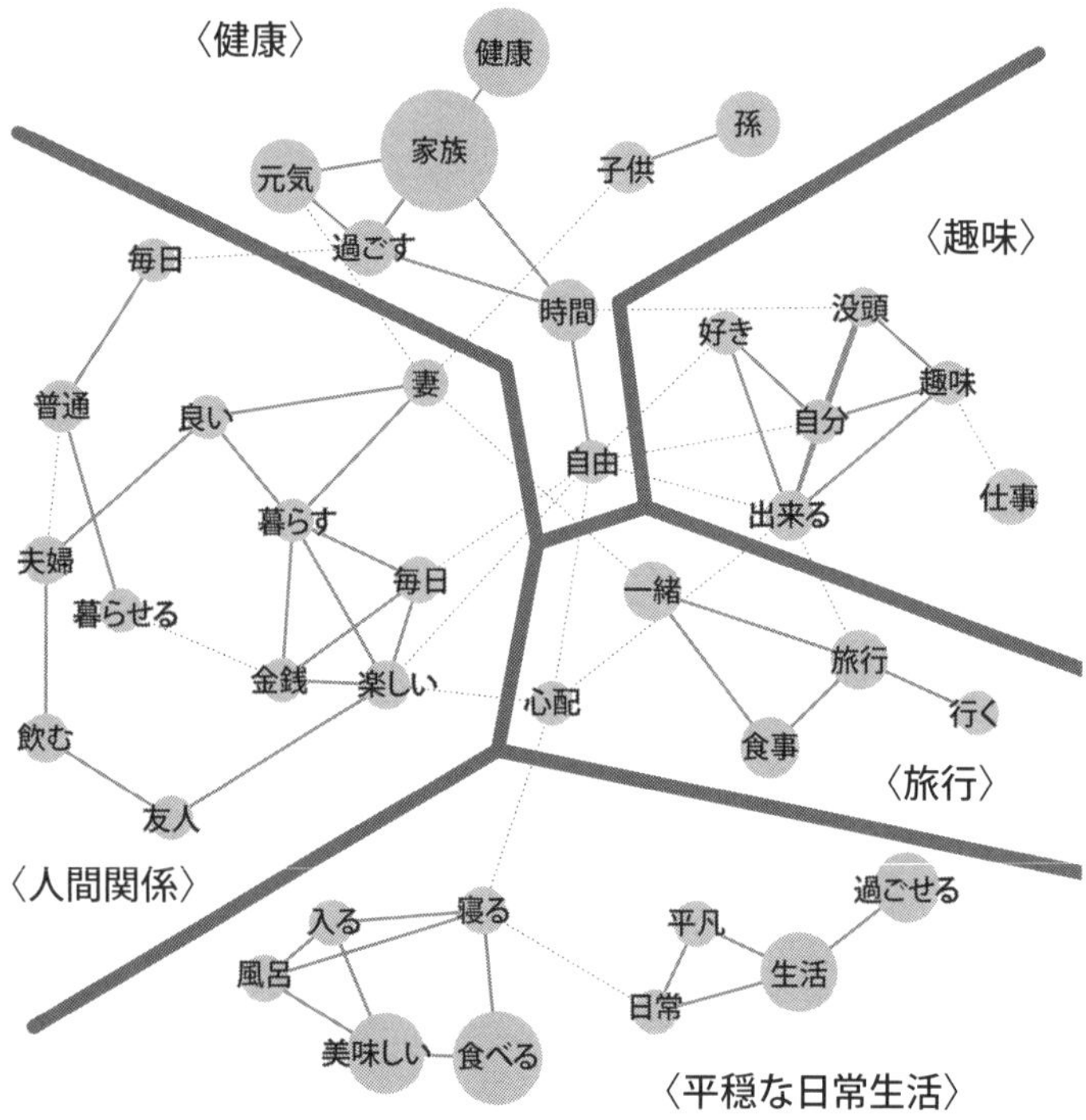

丸の大きさは出現頻度。大きい丸ほど多くの人が書いた言葉。
線はそれぞれの言葉のつながり。線が太いほどつながりが強い。

（出典：山口創研究室）

もちろんこれはあくまで一般論としての傾向ですから、人によっては高齢になってもドーパミンの分泌が多く、自分の好きなことを追求することで幸せを感じる人もいるでしょう。幸福の要素には個人差が大きいため、自分の幸福はどうしたら得られるのか、把握しておくことも大事だと思います。

次にドーパミンから順に、その特徴と、自分で分泌させるためにはどのようにしたらいいのか、紹介していきます。

【第2章】

ドーパミンが心をワクワクさせる

ドーパミンは「快楽物質」ではない

ドーパミンは「快楽物質」といわれることがありますが、それは間違いです。

ドーパミン自体が快楽をもたらしてくれるわけではありません。ドーパミンは何かの報酬を期待しているときに分泌される「期待物質」です。ドーパミンは何かを獲得して「所有」することの喜びではなく、「獲得」することへの期待感なのです。

図9は、著者が大学生300人に行った調査結果です。「あなたが何か欲しいものを追い求めて心がときめくのはどんなときですか？」という質問で、ドーパミンが分泌される代表的な場面について回答してもらいました。

この図を見ると、ドーパミンが最も多く分泌される場面は、3つに分類できました。

①自分に関しては、「自分」が「追い求める」ものに「手」が「届く」、「近づく」「過程」であることがわかります。あるいは「理想」とする人や物に「出会う」ときです。

②物との関係では、「欲しい」ものを「手」に「入れる」とき、「探す（探していた）」「商品」と「出会える」ことや、「好き」な「アーティスト」の「グッズ」を買ったり、そのような商品が「当選した」り「見つかる」ときだとわかります。

③人との関係では、「好き」な「人」が「喜ぶ」のを「想像」することだとわかります。

図9 心がときめくとき

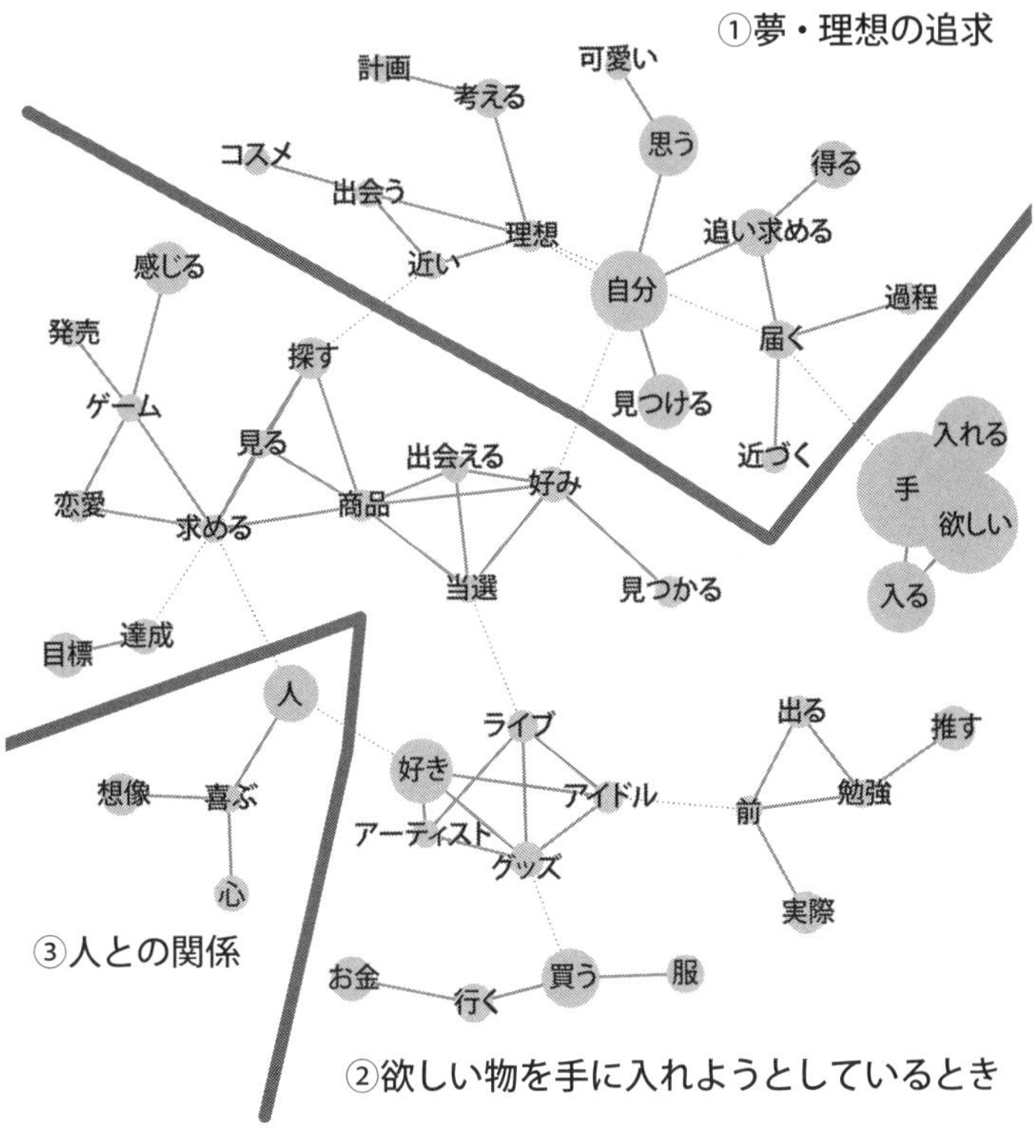

丸の大きさは出現頻度。大きい丸ほど多くの人が書いた言葉。
線はそれぞれの言葉のつながり。線が太いほどつながりが強い。

（出典：山口創研究室）

この中で特に①の「夢・理想の追求」と②の「欲しい物を手に入れようとしているとき」について見てみましょう。

このような場面は、まさにドーパミンに関わっています。どちらも、正確には「理想に手が届くかわからない」「欲しい物が手に入るかわからない」状態にあり、それを手に入れようと頑張っているわけです。これを「報酬予測誤差」といいます。

最近の研究によると、ドーパミンの分泌にとって最も重要な要素は、「報酬予測誤差」であることがわかっています。

著者は小学生の頃、魚釣りが大好きでした。毎日のように近所の川に出かけて、暗くなるまで友だちと釣り糸を垂れていました。魚釣りは奥が深くてハマってしまうほど面白いです。

たとえばナマズを釣りたいときがありました。まずは仕掛けのつくり方を、本を読んでじっくり調べて、ルアーの種類や釣り糸、リールなどを何日もかけて準備します。そして何時頃、どんな場所に潜んでいるかといったことも調べます。

こうして目標に向かって準備している間、毎日ワクワクして楽しくて仕方がありませんでした。そしてついに準備が整ってはやる心を抑えながら川に行って釣り糸を垂れてルアーを泳がせます。

その瞬間は、心臓が早鐘を打ち、興奮の絶頂で手が震えてしまったのを思い出します。そのときの私は、ナマズを釣るという報酬を得ることを期待して、ドーパミンが最高潮に達していたに違いありません。

何日も粘ってついに釣れる日がきました。そのときの竿から伝わるナマズが暴れる振動はこの上なく強烈な感動をもたらしてくれました。

このようにナマズを釣るという報酬の予測をして、実際に期待以上に大きなナマズが釣れることもあれば、まったく釣れないかもしれません。しかしそれでも釣りをするのは、予測が外れて期待以上の成果がもたらされる可能性があるからです。

厳密にいえば、ナマズが釣れたときの興奮や感動は、エンドルフィンが分泌されたからです。ドーパミンは釣れるまでのワクワク感を高める作用になります。

このようにドーパミンは、過去に成功した体験の記憶をもとに、将来の予測が外れるかもしれないようなときに、その**目標や夢に向かって意欲的に行動するときに分泌されるのです。**

ドーパミンの発見

ドーパミンを最初に発見したのは、カナダのオールズとミルナーたちの研究グループです。彼らは1950年代、ラットの脳に電極を埋めこんで、その行動を観察しました。すると中脳の側《そく》坐《ざ》核《かく》に電極を埋めこまれたラットは翌日には、電気刺激を受けた場所で多くの時間を過ごしたことに注目しました。

さらに、ある装置をつくってそのレバーを押したときに脳に電流が流れるようにしました。す

図10　腹側被蓋野と報酬系

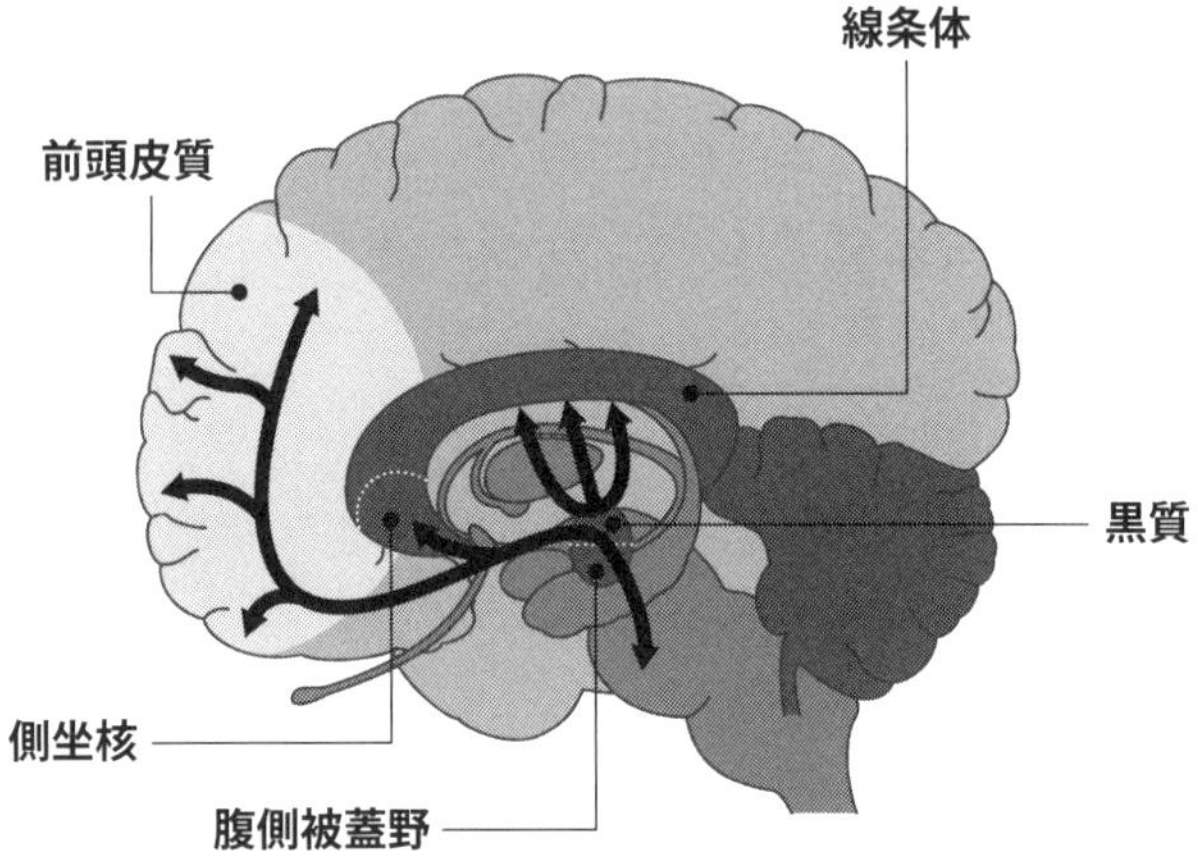

るとラットは1時間に7000回に達する驚くべき速さでレバーを繰り返し押すようになったのです。

その後の研究では、ラットはどんなに空腹でも、発情したメスがそばにいてもまったくお構いなしに、レバーを押し続けたのです。ラットがレバーを押すことで得られる快感が、いかに強いかがおわかりいただけると思います。

こうして脳には強い快感を与える仕組みが存在することが明らかになったのです。

ドーパミンは腹側被《ふくそくひ》蓋野《がいや》（**図10**）と呼ばれる領域でつくられると、前頭皮質や側坐核で放出されます。また黒質《こくしつ》でもつくられ、線《せん》条体《じょうたい》にドーパミンを放出しています。

これらの領域でのドーパミンの放出は、喜

びや報酬の感情に関連していて、私たちの行動や動機に影響を与えます。これを報酬系といいます。それればかりではなく、認知機能に影響を与え、運動機能にも影響しています。

ただし、ドーパミンは報酬が必ず手に入るとわかっているときには分泌されません。たとえば空腹にしたラットにエサを与えるとドーパミンが分泌されます。しかし5分おきにエサを1粒だけ与えるようにすると、ドーパミンは減っていきます。

それはラットの空腹が満たされてきたからではありません。ラットは「5分経てば自分が何をしようとしまいと、エサがもらえること」を学習したからです。これでは先に述べた報酬予測誤差はない状態です。予測の誤差がないとドーパミンは分泌されないのです。

心理学者のスキナーはこの点に着目して、レバーを何回か押すとエサが出てくる装置をつくり、エサが出てくるまでにレバーを押す回数をランダムな回数で与えるようにしてみました。あるときは3回押すとエサが出てきますが、あるときは8回押さないとエサは出てこない、といった具合です。

するとラットは猛烈にレバーを押しはじめたのです。これがドーパミンの仕業です。

これを人間に当てはめてみましょう。まさにギャンブルです。

パチンコ、ルーレット、ガチャガチャ、クレーンゲーム、ポーカー、花札、麻雀、競馬、競艇、

図11　人類の祖先の移動ルート

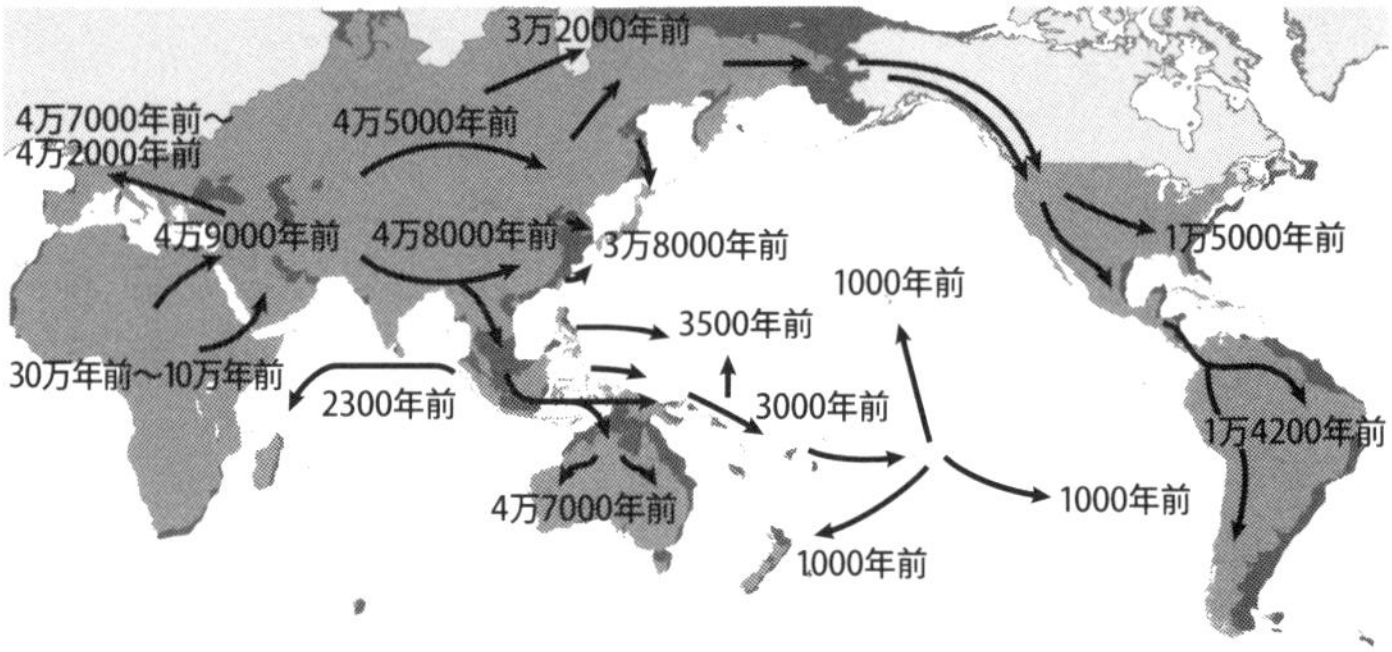

：2万年前の氷床

：2万年前の陸地

（出典：朝日新聞、Globe+ 特集「移動をめぐる旅」＜改編＞）

宝くじなどなど巷《ちまた》にギャンブルに類似した場所はたくさんあるでしょう。どれも「報酬予測誤差」のメカニズムでドーパミンの餌食になってしまい、それにハマってしまう点で共通しています。

○人類の進化はドーパミンのお陰

このドーパミンのお陰で、私たち人類はこれほど進化することができたといっても過言ではありません。ご褒美《ほうび》を先延ばしにしてでも、それを得るために何年も頑張り続けることができるのですから。そうしたチャレンジ精神で、アフリカのサバンナから海を渡って世界中に広がっていったのです。

そのような**新しいものを求める冒険心にとってドーパミンが重要な役割を演じている**ことが、カリフォルニア大学の人類学者の研

図12　39の地域の人々の移動距離と「長い７Ｒアレル」を持つ人の割合

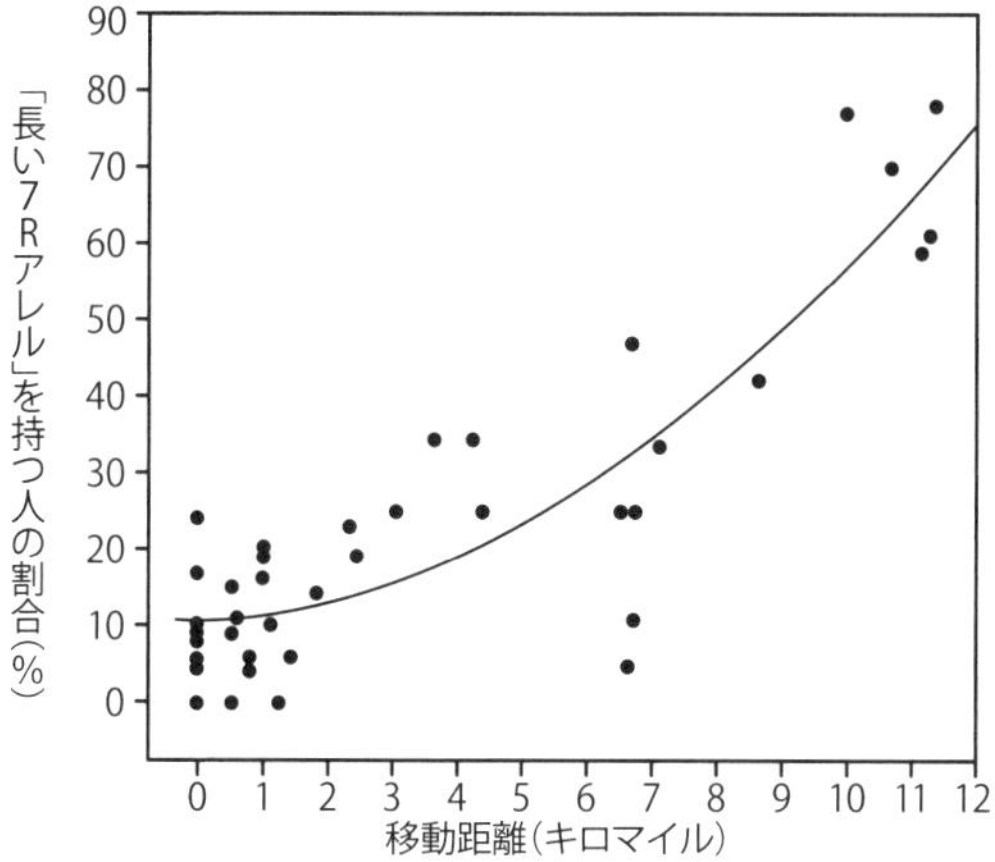

人類の祖先の移動距離が長い地域に住む人ほど「長い7Rアレル」を持つ人の割合が高い
（出典：Chen, C., Burton, M.,Greenberger, E., & Dmitrieva, J.(1999). より）

究で明らかになったのです。

チェンたちの遺伝子解析などの研究から、現生人類の誕生の地は30万年前から10万年前のアフリカであることがわかってきました。その後、人類の祖先はアフリカの北東部の突端からアラビア半島に移動し、そこから３つのルートに分かれました。イラン付近から東南アジアやオセアニアに向かう南ルート、中央アジアから東アジアや北アジアに向かう北ルート、中東からヨーロッパに向かう西ルートです（**図11**）。

チェンたちはアフリカを出た人類の祖先の移動経路の人たちのドーパミン受容体について解析して比べてみました。

特に「７Ｒアレル」という、目新しいことを求めて冒険を好む遺伝子の長さに着目しました。すると、長い距離を移動した人類の祖先ほど、７Ｒアレルの長い人の割合が高いことがわかったのです（図12）。

これには諸説ありますが、人類の祖先の中でも、特に冒険心旺盛な人たちが何十万年もかけて新たな土地を求めて移動を重ねて、世界中に人類が住むようになったのです。

それからも石器や武器をつくり、言葉を生み、将来を考えられるようになってからは創造力を発揮して欲しい物を次々と手に入れてきました。

欲しい物を次々とつくり出してもまだまだ飽き足らず、次々と新たな物をつくり出して、現代の社会を築いてきたのです。

まさにドーパミンが人類をここまで進化させたエネルギー源だったといっても、過言ではありません。

その証拠に、人間と最も近いチンパンジーの遺伝子と比べてみると、実にその違いは２％以下なのです。その２％の違いの中に決定的に違っている部分があることがわかりました。それはドーパミンに関わる神経の有無なのです。

ドーパミンは過去の記憶や未来の創造力などの認知機能にも関わっています。ですから**人間はドーパミンのお陰で、未来の目標を立ててそれに向かって一歩一歩進む計画を立てて実行することができる**のです。

しかし必ずしも皆が同じように頑張れるかというとそうではないですね。何年も頑張った先にもらえるかもしれないご褒美よりも、すぐに手っ取り早くご褒美をもらえるほうを選ぶ人もいるでしょう。そのようなご褒美は、それはそれで甘美で魅力的なものなので、一度そのご褒美をもらえたらやみつきになってしまうかもしれません。

私たちは、自分でも気づかないうちに、そのような手っ取り早いご褒美を毎日のように追い求めているでしょう。スマホやタバコ、アルコールなど身近にあふれているはずです。

それに対して何年も追い求めて頑張ってからもらえるご褒美は、そのようなご褒美とは量も質も異なるでしょう。何年も頑張って勉強して第一志望に合格できたときのご褒美は、やはり格別なものです。

ドーパミンの分泌量には限界がありません。そのためいったん困難な目標を達成しても、もっと多くのドーパミンを求めてさらに高い目標に向かうことになります。やがては、過剰となって幻想や妄想を見るという状態に陥《おちい》ることもあるので注意が必要です。

このように努力をして得られるドーパミンであればさほど問題はないのですが、手っ取り早く手に入れる方法でドーパミンのご褒美ばかりを求めるようになったら危険な兆候です。理由は後で説明しましょう。

◯ドーパミンが心身にもたらす作用

＊認知機能を高める

ドーパミンは、脳のさまざまな領域に作用を及ぼしているため、認知機能にも影響しています。

昔、友だちからいじめられたりからかわれたりした嫌な記憶というのは、忘れたくても忘れられないものです。

このような長期記憶にもドーパミンが関わっています。長期記憶を担《にな》っているのは海馬《かいば》という部位です。そして**海馬のドーパミンが増えると海馬の神経が新しくつくられて、嫌な記憶が消えるのを助ける働き**をしています。

運動をするとドーパミンが増えるため、トラウマのような嫌な記憶を消す働きをしているのです。ラットの実験では、1週間程度の運動でも、その効果が認められています。

また逆に、**嬉しい記憶の定着を助ける働き**もしています。

ラットの実験では、ドーパミンは報酬が手に入ったときの記憶を強める作用も持っていることがわかりました。ドーパミンは過去に報酬をもらえた体験から「学習」することと、将来もらえる報酬を「予測」して、現在の行動を決めることに関わっています。

たとえば過去に宝くじを何度も買って、1万円当選したとしましょう。するとその人は、「宝くじは○枚程度買えば、○円程度当選するのだ」という法則を学習して、次回もまたその法則に基づいて購入するようになるでしょう。

そして実際にまだ報酬を手に入れなくても、報酬を目にするだけで記憶が呼び起こされてドーパミンが増えるのです。つまりドーパミンは「手に入るか入らないかわからないけれども、報酬が手に入ると期待して、手に入れようと行動しているとき」に分泌が高まります。しかし実際に報酬を手に入れたときには分泌は減っていきます。

また**ドーパミンは注意の幅を広げるため探究心、創造性、思考の柔軟性を生み出す**のです。ドーパミンは、脳内での信号伝達を調節し、注意力と集中力を高めています。適切なドーパミンのバランスが保たれることで、ある特定のことに注意を向けてそこに集中し、仕事や勉強に取り組む能力を向上させています。

またドーパミンを増やす薬を服薬しているパーキンソン病の患者は、創造性が高まることがよくあります。これまで書いたことがなかった詩を書きはじめたり、絵を描きはじめたりするようなこともあります。

ドーパミンは脳神経のつながりを増やす作用があるため、今まで使われていなかった領域が活動しはじめることがあるのです。

また、**夢もドーパミンの働き**です。現実の世界の法則を無視した奇想キテレツな夢は、五感の働きから解放されたドーパミンが生み出す夢想の世界です。これがどれほど多くの芸術作品が生まれるきっかけになったことでしょう。

＊アレルギー反応が抑えられる

花粉症やアトピー性皮膚炎、気管支喘息といったアレルギー症状でお悩みの方は多いと思います。こういったアレルギー症状は、ストレスを感じると症状がひどくなる傾向があります。しかし逆に幸福感やポジティブな気持ちによって症状が緩和されるといった側面もあります。

山梨大学の中尾《なかお》篤人《あつひと》らの研究では、ラットに砂糖水を飲ませたり、ドーパミンをつくる薬を与えたりして脳のドーパミンを分泌させます。そして皮膚のじんましんを人工的に引き起こします。するとドーパミンを分泌させたラットは、じんましんの症状が減少したのです。

普段から前向きな気持ちでドーパミンを増やす生活を送っていると、自然にアレルギー症状も軽くなっていくようです。

＊ドーパミンの過剰分泌

ドーパミンは脳を興奮させるように作用するため、大量に出ると自分の意思《いし》から離れて、興奮や快感を求めるようになることもあります。そして**常に多くのドーパミンを求めるようになる結果、依存症になりやすい傾向があります**。

また躁病《そうびょう》、多動、強い性的欲求、不安といった症状も出てきます。また意味がないとわかっていてもそれをやめることができない強迫神経症も、ドーパミンが過剰に出ている状態です。

ドーパミンが過剰に分泌される場合、統合失調症になり、不足するとパーキンソン病になりやすくなるといわれています。

＊ドーパミンの不足

ドーパミンが欠乏すると、うつ病やパーキンソン病につながる可能性があります。ドーパミンは「動くこと」と関わっています。だからこそ人はご褒美を追い求めて動くのです。

逆にドーパミンのレベルが低下すると、動きが悪くなってきます。筋肉のけいれん、筋肉のこわばりが出ますが、それはパーキンソン病の特徴でもあります。

動物実験では、レバーを押すと餌をもらうという習慣を持っていたラットが、ドーパミンをつくる神経を損傷させると、餌を求めて行動しなくなってしまいました。

このことから、ドーパミンとうつ病との間に関連があることもわかったのです。

その他には、性的衝動の低下、幻覚、妄想《もうそう》などの症状を引き起こす可能性があります。

◎最良のワクワク体験

このようにドーパミンの過剰分泌は依存症の危険があり、不足すると抑うつ的になってしまいます。では適切な量のドーパミンを分泌させてドーパミンのよい面を生かすためにはどうしたらいいか、紹介しましょう。

＊何でも楽しむ：ワクワク体験を増やす

人は何か楽しい目標を持っているとき、心はワクワクときめいているでしょう。ドーパミンを増やすためには、**なんでも楽しむ習慣をつける**ことです。

単調な毎日の事務作業をしている人でも、たとえば「完璧に（あるいは1時間で）ここまで終わらせたら、休憩のときに大好きなコーヒーを飲む」などとルールを決めてみましょう。すると報酬を手に入れるために、目の前の仕事を早く、完璧にやろうというワクワクした気持ちが湧いてくるでしょう。

著者の例をお話ししましょう。著者は大学で心理学を教えています。1コマ100分の長丁場ですから、ずっと座っている学生にとっても、教える教員にとってもなかなかの苦痛を伴います。100分の間、毎回ずっと話し続けるだけでは、私も退屈で疲れてくるし、学生も退屈してきて寝はじめるし、お互いに我慢比べをしているだけのつまらない時間になってくるのです。

そこでそんな悪循環を断ち切ろうと、授業を工夫するようにしました。100分の授業を、短く4つ程度に分け、それぞれのテーマで説明をしたあと、学生同士で具体例を見つけて発表してもらうようにしました。すると途端に学生の目は輝きはじめ、生き生きと話し合うようになり、100分の授業もあっという間に終わってしまうようになりました。

こうして学生も私も、授業に意欲的に取り組むことができるようになったのです。同じことをやるにしても、少し工夫をするだけでドーパミンを出してワクワク体験することができるのです。

もう1つ別の例を紹介しましょう。

私は大学まで通勤時間が片道2時間半もかかります。そのため通勤自体が億劫《おっくう》になり、通勤が嫌で仕方なくなってしまいました。そこで通勤時間を楽しむ工夫をするようにしました。

好きな本をすぐ読めるように、電子ブックに読みたい本をたくさん購入しておいたり、ラジオも好きな番組がいつ流れているかチェックしたりポッドキャストで過去の面白い番組をチェックしておくのです。

あるいは英検に挑戦しようと、毎日英会話のアプリを聴《き》いたりテストしたりもしました。乗り換え駅での待ち時間は、階段を何往復も上り下りをして、運動の時間にしました。

特に時間つぶしのために何かをしているよりも、やはり英検にチャレンジするとか、本を1冊読み切るなどの目標を持ってやっているときは、その時間がとても充実して楽しいものになりました。

＊旅行する

旅行はドーパミンを分泌する最良の手段です。

特に自由旅行で、自分で行きたい目的地を決めて、そこに向かって自由にプランを練って到達するような旅行がドーパミンを分泌させます。

目的地は自分が行きたいところ、あるいは好きな食べ物が食べられたり、好きな体験ができるところなどどこでも構いません。とにかく自分が好きなことができるイベント、大好物が食べられるところなどを目的地にしましょう。そしてそこに至るまでにも、好きな電車に乗るようにしてみたり、好きな飛行機に乗ってみたり、時間があれば船旅でもよいでしょう、プロセスも一緒に楽しむようにしましょう。

ドーパミンは、1回目に目標を達するときに最大限に分泌されます。その1回目を存分に味わうようにしましょう。目的としている食べ物や経験でも、2回同じ体験をすると、ドーパミンは半減してしまうからです。

ドーパミンを2回目、3回目と分泌させるためには、同じ体験でもバリエーションを豊富にして少しずつ目標に近づけてみるのはいかがでしょうか。

たとえば沖縄でスキューバダイビングを楽しむ場合、1日目と2日目は違う場所を選んでみることです。1日目はまあまあ行きたい場所、というように少しずつ目標に近づくようにして、最後にいちばん行きたい場所にするようにしましょう。そうすれば、旅行の最後までドーパミンを枯渇させずに楽しめるでしょう。

＊プランを立てる

あなたは現在の生活に十分に満足していますか？

多くの人は、もっと欲しいもの、やりたいことなどあるでしょう。**できれば長期間の計画が必要なことを探してみましょう。**家のリフォーム、資格をとって転職する、大学院で学び直すなどなどです。

人は現状に満足しがちな生き物です。「面倒だから今のままでいいや」と考えがちです。しかし新しいことを望むのは、決して悪いことではありません。人生を豊かに悔いなく送るためには、たとえ困難な目標であってもやり残さずに成し遂げようとすることは、ワクワク、ドキドキの生活を送るために必要なことだと思います。そのためにはステップを踏むことです。

1年後までに5キロやせたい、といった目標でも構いません。将来の目標を達成したときのことを思い描くだけで、ドーパミンは放出されます。

そのためのステップは、次の4つあります。

①現状を評価する
②現在の状況を受け入れる
③なりたい理想を明確にする
④目標を達成するためのプランをつくる

これらのステップを具体的にすることで、目標を達成できる確率も格段に高まるでしょう。

＊コレクションをする

コレクションが趣味の方は多いと思います。なんでもいいので、**何かをコレクションすることは、ドーパミンの枯渇《こかつ》を防いでくれます**。

著者は子どもの頃、いろいろなものを集めるのが好きでした。野球選手のブロマイドカード、切手、ミニカー、電車のNゲージ（同世代の人ならわかるかも）などなど、常に何かを集めるのに夢中になっていました。こうした趣味は、ほとんどの場合はゴールがなく、集めるほど次々に欲しいものが出てくるのです。

集めた物を使うわけではなく、何の役にも立たないものだからこそ、趣味になるのだと思います。「もっと欲しい」と際限なく集めることは、常にドーパミンが出続けることになるのです。

またたとえば、ジグソーパズルのような趣味でもいいでしょう。このような趣味は完成という目標がありますが、その目標を達成してしまうとエンドルフィンが分泌されて、達成感や幸福感が味わえます。

しかしその幸福感もずっと続くわけではなく、しばらくするとまた新しいジグソーパズルをやりたくなるでしょう。

このように考えるとコレクションもジグソーパズルも似たような趣味だと考えることができるでしょう。どちらも小さな目標を達成することに喜びを感じながら、次第に大きな目標に向かって、常に駆り立てられるわけです。

ただし依存症にならないように、常に現実に目を向けながら、貯金と相談しながら計画的にコレクションするようにしましょう。前述の4つのステップが役立ちます。

ドーパミンと他の幸せホルモンの関係

①ペリパーソナルスペースの法則

読者の皆さんにぜひやってほしいことがあります。

目の前の下のほうを見てください。何が見えますか？　机、床、椅子などでしょう。今度は上のほうを見てください。何が見えますか？　天井、窓から見える青い空や太陽なども見えるかもしれません。

これらの違いは単に上か下かという違いではありません。人間の脳は、自分の手の届く範囲のところのものを把握する働きと、それよりも遠くのものを把握する機能という2つのまったく異なった機能を持つようにできています。前者をペリパーソナルスペースといいます。

ペリパーソナルスペースの中にある物は、自分の手が届く範囲のものであり、自分の身体と一体感さえ感じています。この範囲にあるものは、「今、ここ」で捉えることができるものです。

目の前にあるコーヒーカップにふれた感触というのは、「今、ここ」でしか感じることができません。過去の感覚を感じることも、将来の感覚を感じることもできません。目の前の机に置いてあるコーヒーは、香ばしい匂いも感じますし、口に含めば苦味や酸味、温度も感じるでしょう。こうして手の届く距離にあるコーヒーは、五感を使って深く楽しむことができます。

「今、ここ」で感じることから得られる幸福は、エンドルフィン、セロトニン、オキシトシンの働きと関係があります。

それに対してペリパーソナルスペースの外にあるものは、私たちは手を伸ばしてもふれることができません。距離が離れれば離れるほど、想像する以外に知ることは難しくなります。

5メートル先のテーブルに置いてあるコーヒーは、味も匂いも温度も感じられませんね。視覚で見るだけしかできません。どんな味かはコーヒーを飲んだ過去の経験から想像する以外にありません。

さらには宇宙飛行士が飲んでいるコーヒーはどうでしょうか。見ることもできませんから、想像の世界でしか知ることはできません。それは「今、ここ」での体験ではありません。少なくとも「ここ」にはないものです。そういった**物を想像する抽象的な心の働きは、ドーパミンだけがつかさどっている**のです。

実際の研究でも、ドーパミンの過剰分泌である統合失調症の患者は、視覚的な幻覚が視野の上部に現れることがわかっています。

このことは、ドーパミンが過剰に分泌されると、視野の上部に問題が生じることがわかります。またドーパミンの過小分泌であるパーキンソン病の患者では、上の空間に注視することが少ないことがわかっています。

ドーパミンは、視野の上方向に関わっていて、時間的にも将来のことを考えることに関わっているのです。

②シーソーの法則

ドーパミンとその他の3種類の幸せホルモンは、シーソーの関係にあります。ドーパミンの働きが強くて将来や抽象的なことを考えるのが得意な人は、「今、ここ」でのことにあまり興味がありません。

逆にドーパミンの働きが弱い人は、その他の3種類の幸せホルモンが強く、「今、ここ」に関心があり、生活を楽しむ傾向があります（図13）。

たとえばドーパミンが多い人は「人類」に興味がありますが、目の前の「人」にはあまり興味がありません。

逆にドーパミンが少ない人は、目の前の「人」を愛することに興味がありますが、「人類愛」には興味がありません。

図13　４つの幸せホルモンの関係

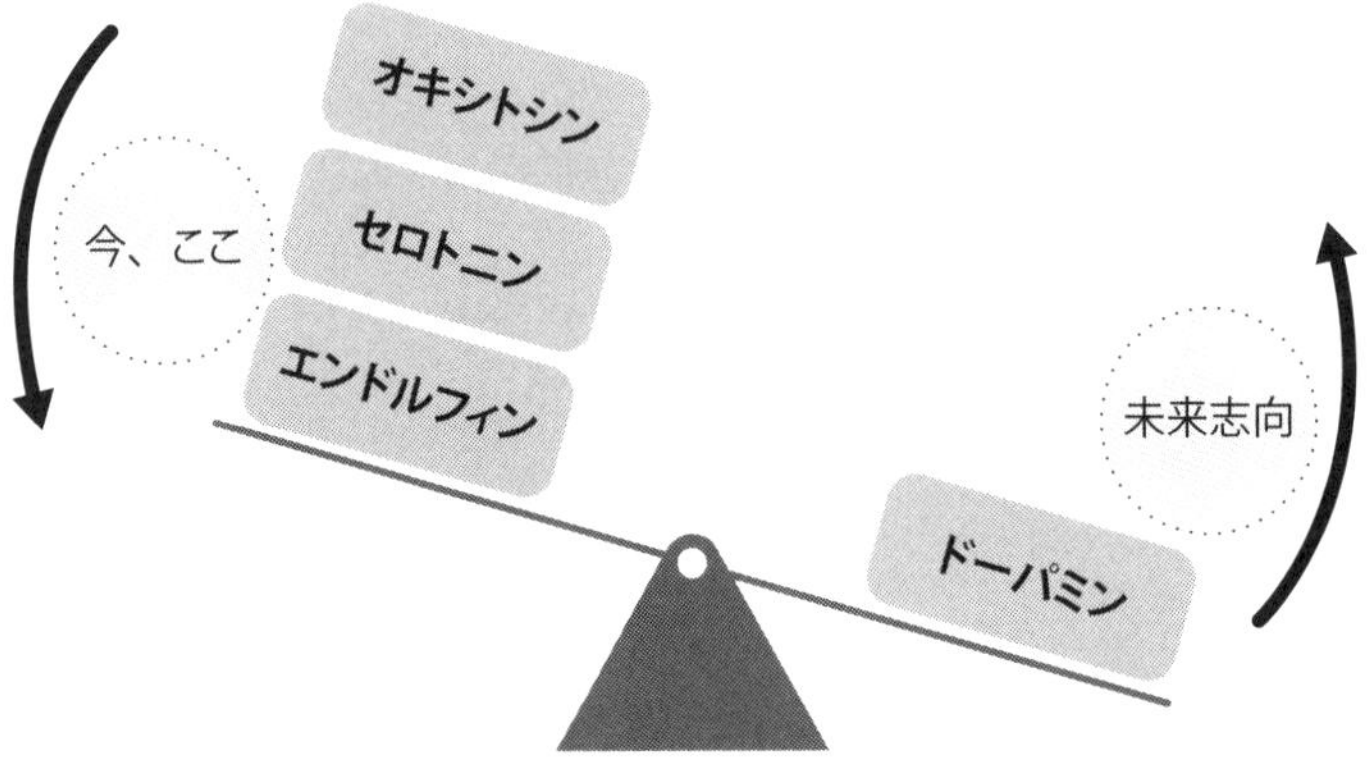

実際の研究でも、宗教を熱心に信仰している人は、そうでない人よりもドーパミンが多いこともわかっています。宗教は個人を超越した「天国」や「人類愛」などの抽象的で手の届かないものを扱うからです。

これまで述べてきたように、ドーパミンは私たちを突き動かす非常に力強いホルモンです。そのため、過剰分泌が起こりドーパミンに支配されてしまうと、依存症のように「止めたくても止められない」状態になって、自分でもストップがかからなくなってしまう危険があるのです。

そこでこのシーソーのように、ドーパミンに支配されないためには、その他３つのホルモンとのバランスをとることも大事なのです。

簡単にいえば、**「今、ここ」の感覚に意識**

を向けることです。

③バリューセットの法則

ドーパミンとシーソーの関係にあるオキシトシンやエンドルフィン、セロトニンは、セットで考えると効率よく幸福感を長続きさせることができます。

1 ドーパミンとオキシトシンのセット（限界効用逓減の原則）

大好きなビールを飲む場合を考えてみましょう。最初の一口はとても美味《おい》しいですが、二口目、三口目と飲むにつれて満足度は減っていくでしょう。私たちの恋愛関係や結婚生活なども同じようなことが当てはまります。

私たちは欲しい物を手に入れると満足しますが、繰り返し手に入れると、1回1回の満足度は低下していきます。結婚前の「早く会いたい」「もっと会っていたい」といった熱くドキドキするような恋愛関係は、ホルモン的には残念ながら18カ月も続かないのです。

そのあとはオキシトシン的な穏《おだ》やかな絆《きずな》を愉《たの》しむ関係に変わっていくのです。ですからドーパミンが出ているときに、オキシトシンも同時に出るようにすれば、その後ドーパミンが枯渇してからもオキシトシンは出続けるのです。

そのためにはスキンシップを増やしたり、一緒にいるとホッと落ち着くような関係を築いておくのがいいでしょう。

2 ドーパミンとエンドルフィンのセット

エンドルフィンは目の前にあるものを食べるとか、今やったことに対する報酬として分泌されます。それに対してドーパミンは「もっと上」「もっとよいもの」を目指す動機づけの作用を持っています。

このような性質の違いを理解すれば、どちらも手に入れるようなプランを計画することが有効だとわかるでしょう。たとえば大きな仕事を成し遂げる目標があったとします。それを達成できるのは1年後かもしれません。そんなに先のことに向かって日々努力するのは容易ではありません。そこで、1年後のプランを分割して、半年後の目標、1ヵ月後の目標、1週間後の目標と分けていき、そして今日の目標はここまで、と設定すれば、今日1日の目標を達成することでエンドルフィンのご褒美を味わうことができるでしょう。

ダイエットの目標、資格を目指すなど長期的な目標を達成するためにはとても大事な考え方です。簡単にいえば、ドーパミンは将来の満足、エンドルフィンはジャストインタイムの満足を得るという違いなのです。

3 ドーパミンとセロトニンのセット

ドーパミンは人を目標に駆り立てるアクセルの働きであるのに対して、セロトニンはブレーキをかける役割があります。

これから述べる依存症傾向というのは、ドーパミンが過剰分泌してセロトニンのブレーキが利いていないことから起こる症状です。そのような行為に対しては、セロトニンを増やしてブレーキをかける必要があるのです。

これからドーパミンの負の面である過剰分泌についてみていきますが、このことはぜひ頭に入れておいてください。

依存症の仕組み

ドーパミン神経は、快楽を得ようと行動を起こします。その結果、満足が得られればその行動をストップさせます。ところが強い快楽を何度も繰り返し感じ続けていると、脳は自然のメカニズムとしてドーパミンの受容体を減らして快感を減らそうとしてしまいます。すると、快楽を感じるドーパミンの量が減ってしまうため、脳はもっとドーパミンを増やすようにその行動に駆り立てようとします。これが依存症の仕組みです。

たとえばアルコールを例に考えてみましょう。

お酒が好きな人は多いですが、依存症になる人とならない人がいます。

依存症になる人は、最初からアルコール濃度が高いお酒を飲みたがります。そして記憶や意識がなくなるまで強いお酒を飲み続けるのです。ドーパミンによる高揚感は、アルコールが脳に入る速さが速いほど高くなります。お酒の味を味わうのではなく、酔っぱらうことを目的に強いお酒を速く飲み続けるのです。

しかしドーパミンの高揚感は高いほど、切れたときの渇望感も高くなります。こうして酔いが覚めた後の渇望感を除くために、酔いが覚めないように飲み続けることになります。薬物中毒の場合も同じことが起こっています。

またすべてではありませんが、肥満の人はドーパミンの分泌量が少ないことがわかっています。さらに追い打ちをかけるようにドーパミンの受容体の数も少ないのです。だから好きな物を食べてもドーパミンの快感をなかなか得ることができず、食べすぎてしまうのです。このように摂食障害も依存症の一種だと考えられています。

実際に脳のドーパミンの量を薬で増やすと、食欲は低下します。逆にドーパミンを減らすと食欲が高まります。このように食事も依存症の側面を持っているのです。

もっと身近な例でいえば、「やみつき」というのもそうです。

食品化学者の伏木亨《ふしきとおる》は次のように述べています。

「やみつき行動の原動力となっているのはおいしさの期待によって脳内に出現するドーパミンです。ドーパミンがたくさん出るほどやみつきは深刻だということになります」

やみつきになりやすい食品は2種類あります。たとえば食べ物そのものの中にやみつきを誘導する物質が含まれている場合です。たとえばコーラやコーヒーに含まれるカフェインや、アルコール飲料に含まれるエタノールなどの物質は、報酬系に直接作用してドーパミンの分泌を促します。すると覚醒水準が上がったり、集中力が高まりますが、それに依存する嗜癖《しへき》としての傾向もあるのです。

もう1つは、飲食物をとるときの味覚や嗅覚、食感などの感覚刺激や、摂取した後にブドウ糖や栄養が補充されることで、快楽物質のエンドルフィンが放出されて、快感が高まる場合です。たとえば甘味をもたらす糖類（チョコレート、ケーキなど）、吸収後のカロリーが補充されたり油脂類（マヨネーズやてんぷら、ポテトチップスなどの揚げ物）、カプサイシンなどの痛みの物質（キムチ、カレーなど）はエンドルフィンを分泌させるため、やみつきになりやすいのです。

やみつきは必ずしも悪いものではありませんが、エンドルフィンばかり求めてある特定の食べ物ばかり食べるのは、やはりバランスが悪く、健康にもよくありません。

そのような強い快感をもたらすものは、たとえば薬物、ニコチン、アルコール、ギャンブルが知られています。他にも買い物依存症や、恋愛依存症など、すべての行動に依存症になるリスクがあるのです。

その1つの例として、たとえば子どもを「叱る」という行為も、正式な意味ではありませんが、依存症になります。「叱る」という行為は、相手を自分の思い通りにさせる効果があり、叱って相手が謝《あやま》れば喜びを感じるでしょう。こうして「叱って謝らせて思い通りにさせる」ことに快感を覚えると、人はその行為に依存していきます。

こうした行為がエスカレートすると、人は相手の些細《ささい》なことを粗探《あらさが》しして、叱って従わせるという行為に歯止めが効かなくなっていくのです。これが虐待につながる一因なのです。

＊ゲーム依存

ゲームは本当に楽しいものですね。著者も子どもたちと一緒に、いろんなゲームを家族で楽しんできました。ゲームはまさにドーパミンを出し続けるように工夫されてつくられています。ロールプレイングゲームにしても、すごろくゲームにしても、ポイントを集めてさらに強くなったり、相手と競い合いながら、エンドルフィンのご褒美をもらって楽しむことができます。最近ではアクション型のゲームもとてもリアルで精巧にできていて、人の動きを再現できるようになりました。自分があたかもゲームのアバターであるかのような錯覚に陥ってしまい、自分自身とゲームのアバターと区別がつかなくなるような人さえいます。あまりにゲームの世界にのめりこんでしまい、仮想空間のほうを優先するようになると危険です。

ドーパミンが出すぎてしまった結果、ゲーム依存になってしまう人も後を絶ちません。

本書では幸せホルモンを分泌させるためにゲームをすすめるわけではありませんが、たとえばパーティーゲームのように、皆で楽しめるゲームはオキシトシンも分泌されるため、シーソーのバランスがとれるのでいいと思います。

そのようなゲームは、勝っても負けても短時間で終わるため、ドーパミンで仮想の世界にのめりこんだとしても、同時にエンドルフィンやオキシトシンが出るため、現実感覚が勝っています。ゲームはあくまで「自分がゲームをしているんだ」という「今、ここ」での身体感覚があることが重要だと思います。

ただしオンラインの相手と対戦するようなゲームは、ドーパミンは出てもオキシトシンは出ません。これでは依存症の危険が高まることになります。

国内ではじめて依存症の専門の外来を開設した久里浜《くりはま》医療センター名誉院長の樋口進《ひぐちすすむ》によると、診療を受ける患者の90％はゲーム、特にインターネット上で他の人と一緒にプレイするネットゲームに依存しているといいます。

ネットゲームには「仲間」同士のつきあいがあったり、世界中の参加者のランキングが表示されるなど、何度も繰り返してしまう魅力的な要素があるためではないかと推測されています。

インドネシアの精神医学者マリアタマたちの研究では、オンラインゲームの依存症の若者は、薬物依存症の人と同じ脳の様子を呈していることを突き止めました。

先にも述べたように、大量のドーパミンを放出し続けると、脳は快楽を減らしてバランスをとろうとして、ドーパミン受容体の効きを悪くしてしまうのです。そのためさらなるドーパミンを求めてゲームに駆り立てられるのです。しかしゲームをすればするほど、ドーパミンを次々と大量につくることになるため、生産が追いつかなくなって、やがてドーパミンをつくる神経がおかしくなって分泌も減ってきます。

最終的にはドーパミンの分泌も、受けとる能力も低下してしまい、やる気や幸福感を感じられなくなり、うつ状態になってしまうのです。

先の研究では、実際にゲーム依存症の患者は、ゲームをしているときには、以前は好きだった趣味や娯楽活動への興味を失ったと答えました。そしてゲーム中は、疲労、空腹、喉の渇きなどの感覚も無視するようになりました。

明らかにドーパミンの影響で、ゲームという仮想現実の世界に埋没してしまい、シーソーのバランスが崩れてしまっています。

このような依存症を断つためにはどうしたらよいでしょうか？

依存症を断ち切るには

ドーパミンとセロトニンは反対の作用を持っています。

ドーパミンは空腹時に食べ物に近づいて食物を手に入れるように作用しますが、セロトニンは満腹になったときに、動きを抑えてじっとしているように作用します。

依存症は、孤独感や心の空白を埋めるかのように、特定の行動に依存してしまう状態です。ですから**セロトニンを増やしてその行動にブレーキをかけて、心の空白を満たしてあげることが解決になります**。

国立精神・神経医療研究センターの松本俊彦《まつもととしひこ》によると、依存症の人の共通点として、自分の中の「大切なものランキング」のいちばん上に依存の対象が来てしまうようになると、依存症の可能性が高くなるそうです。

家族や愛する人などよりも依存の対象が上位に来てしまうのは、ドーパミンが過剰に出てしまい、正常な認知判断ができなくなった証でもあります。

それではどうしたらよいでしょうか?

61ページのシーソーの法則によると、ドーパミンの暴走を止めるためには、「今、ここ」の3ホルモンを増やしてあげればいいのです。

米国の精神医学者マクレーらの研究では、マリファナ依存症の患者に人工的につくったオキシトシンを投与したところ、マリファナを吸いたい欲望が低下することがわかりました。

依存症の患者が薬物などを欲しくなるのは、ストレスが引き金になっているため、そのストレスをやわらげる作用のあるオキシトシンを増やせば、欲しい欲望が減らせるのだそうです。同じ効果はヘロイン中毒者やコカイン中毒者でも得られています。

オキシトシンを増やす以外にも、「今、ここ」の3ホルモンの増やし方はそれぞれのページを参考にしてください。また第7章で紹介している、運動もマインドフルネスも依存症の治療への有効性が示されています。自分にとって続けられる方法を見つけて、それを日常に取り入れていきましょう。

◎悪口を言わないこと

他人の悪口を言うのが好きな人は周りに必ずいるでしょう。

しかしそのような人は、他人と比べて自分のほうが劣っていると思っていて、嫉妬心から悪口を言うことが多いのです。ですからそのような人は自己肯定感が低い人といえるでしょう。

そして怖いことに、**悪口は依存症の一種**だと考えられています。それは、人の悪口を言うと一時的にドーパミンが出るため気分がよくなるからです。しかしドーパミンの怖いところは、それに慣れてしまうことです。つまりより過激な悪口を言わないとドーパミンは放出されなくなってしまうのです。こうして悪口は依存症として日々繰り返され、ますます過激になってしまうのです。

では悪口を言うとストレスを発散できるかというと、そのようなことはありません。悪口を言ったとき、人は同時に抗ストレスホルモンのコルチゾールの値も上昇しているのです。

悪口はストレスを増やし、脳を傷つけ、寿命を縮める危険性もあるのです。東フィンランド大学の研究によると、**人に皮肉を言ったり批判したりする傾向の強い人は、認知症のリスクが3倍、死亡率が1・4倍も高い**そうです。また**普段から怒りやすい人も、認知症リスクが高い**こともわかっています。

また悪口と似たような現象として、イジメや虐待もあります。どちらも自分より弱い相手を傷つけて自分に服従させることで自分が優位に立っていることを確認する行為です。

これはドーパミンだけでなく、セロトニンを分泌させる行為でもあります。セロトニンは相手より優位に立つことで分泌されるからです。一度、そのようなセロトニンの満足感やドーパミンの快感を覚えると、そのような行為がエスカレートしてしまい、もっと求めるようになってしまうのです。

もともとイジメや虐待をしてしまったり、人の悪口を言うのが好きな人は、セロトニンが低い可能性があります。養育者から肯定的に認められる経験が少なかったために、自分を肯定的に認められないのです。そこで手っ取り早く、自分の優位性を確認できる相手を探して、その相手をています。
貶《おとし》めることで、セロトニンを増やしているのです。セロトニンのダークサイドが出てしまってい
ます。
それではどうしたらいいかというと、自己肯定感を高めるセルフコンパッション（自分自身への思いやりの気持ち）の方法がいいでしょう。詳しくは230ページに紹介するセルフタッチを使って、自己肯定感や自愛の気持ちを高めるといいでしょう。

第3章

オキシトシンがつながりを深める

「絆ホルモン」と呼ばれるわけ

オキシトシンは、1906年に英国の脳科学者が発見しました。別名「絆《きずな》ホルモン」や「愛情ホルモン」などとも呼ばれています。

なぜ「絆ホルモン」と呼ばれているのでしょうか？　それは、**オキシトシンが脳内で分泌されると、人を信頼したり、人と親密な関係を築いたりする**からです。

オキシトシンは9つのアミノ酸からなるペプチド（アミノ酸が結合したもの）で、脳内の視床《ししょう》下部《かぶ》にある室傍核《しつぼうかく》のニューロンでつくられます。そして下垂体《かすいたい》後葉に伸びた神経終末からホルモンとして血中に放出され、全身にあるオキシトシン受容体に結合し作用を及ぼします（図14）。

一方で、室傍核でつくられたオキシトシンは、脳の他の部位にも届けられ、心にもさまざまな影響を与えています。

オキシトシンはもともと出産するときに子宮を収縮させる役割を持っていました。そしてそれと同時に子どもの脳でも分泌されて、生まれ出るときの苦しみを緩和してくれる働きを担《にな》っていました。そして未熟な赤ちゃんが母親に対して特別な絆を築いて守ってもらうための愛着を強める働きを持つようになりました。

しかし母親一人では未熟な赤ちゃんを育てることは困難です。未熟な赤ちゃんを確実に育てるために、パートナーである父親と親密な関係を築いて、育児に協力してもらうようになりました。

図14　視床下部でつくられたオキシトシンは2つのルートで脳と身体に届く

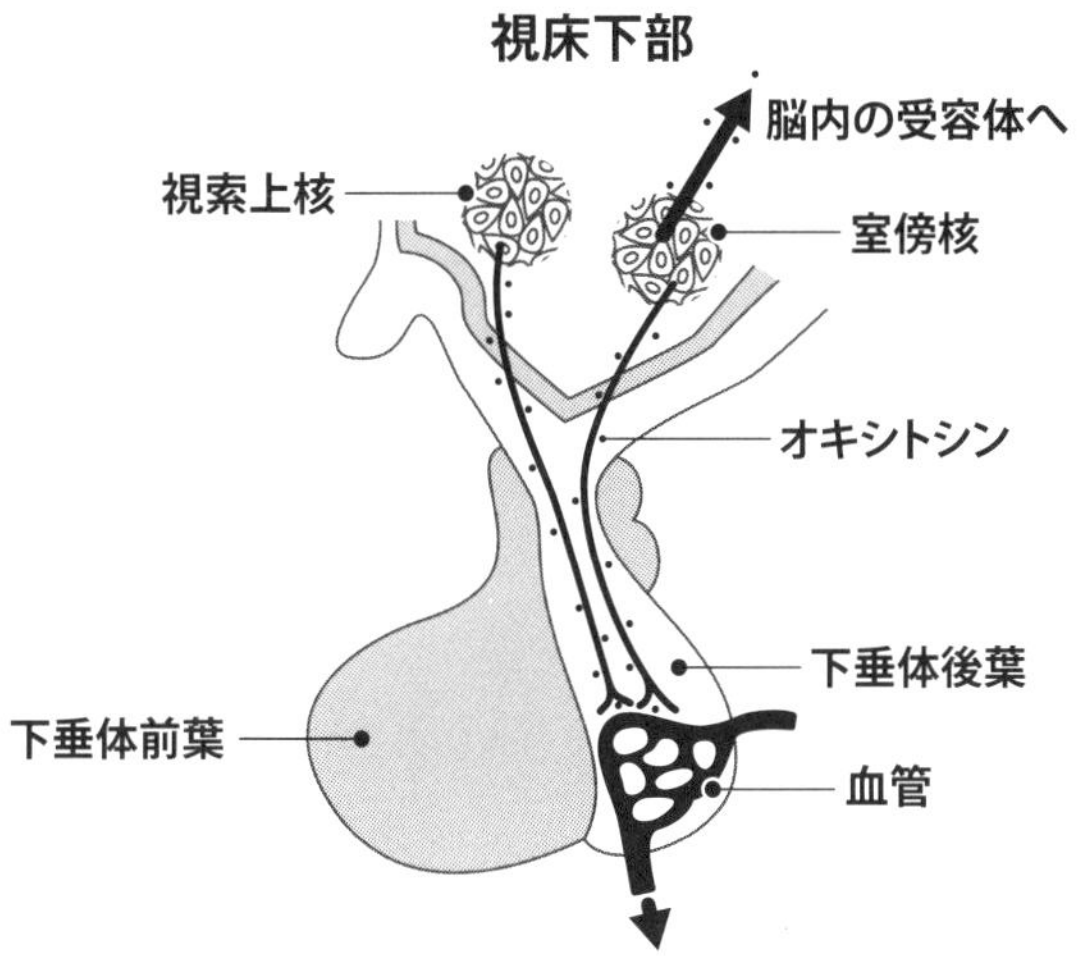

そこから発展して、オキシトシンには、人と信頼関係を築く作用や、人と親しく交流することで喜びを感じる働きが加わったのです。

このように、オキシトシンにはさまざまな効果があります。

人生のステージにおけるオキシトシンの大事な役割

オキシトシンは人生のステージで大事な役割を持っています。

図15のように、オキシトシンは出産時に分泌が高まり、子宮を強く収縮させて、赤ちゃんを生み出します。そして射乳《しゃにゅう》の働きによって母乳の分泌を促します。そして生まれた赤ちゃんにとっては、親子の愛着を安定させるためにも大事な役割を持っています。

このとき、オキシトシンがあまり分泌され

図15　ライフステージにおけるオキシトシンの役割

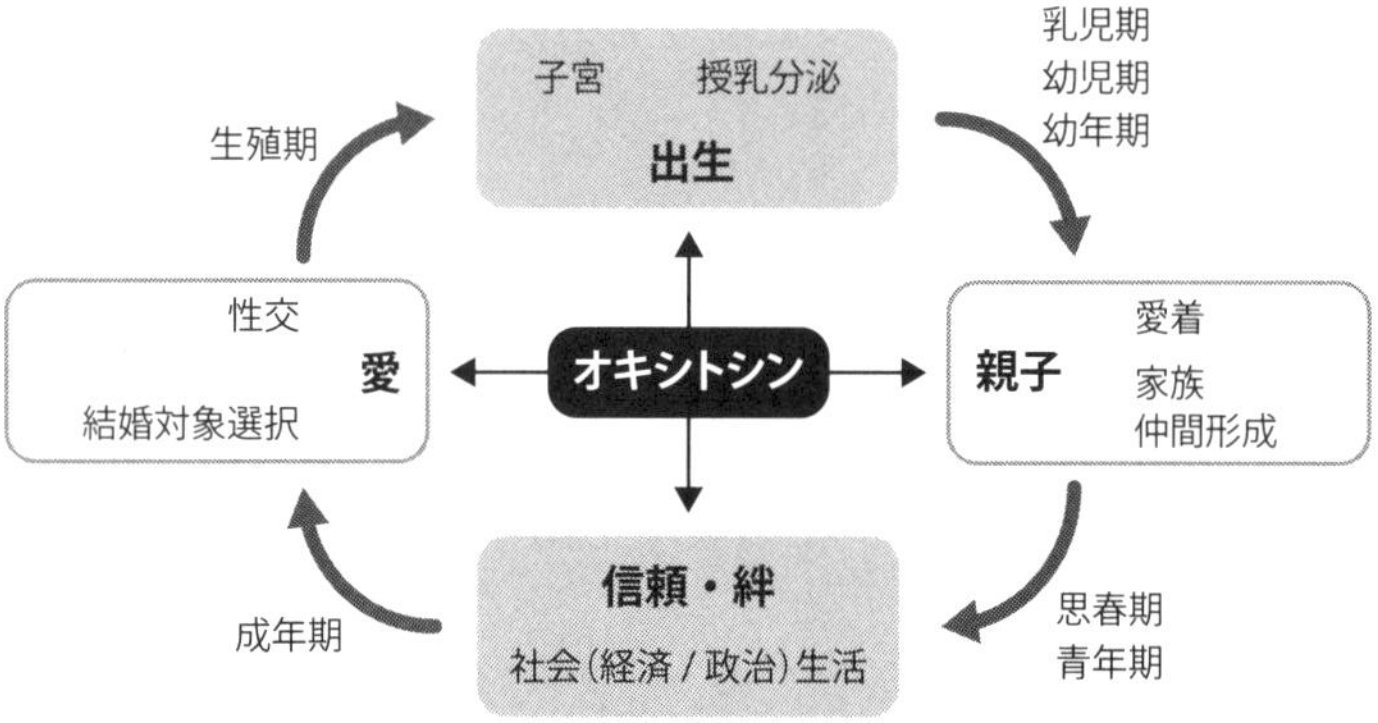

（出典：東田陽博「社会的記憶と自閉症ー末梢オキシトシン投与による症状改善とCD38の一塩基置換」(2013)より）

ないと、親子の愛着が不安定になったり、将来の友人関係や恋人との関係に影響が出ることもあります。さらに思春期・青年期になると、親密な友人関係を築いたり、他の人を信頼したり共感を高めたり、利他的な気持ちを高めることに役立ちます。

こうした**オキシトシンの作用があるからこそ、信頼関係に基づいた、相互扶助の社会が成り立つ**のです。さらに成人期に入ると、配偶者の選択や愛情による一体感、そして精子や卵子の活動を活性化して妊娠の可能性を高めることにも役立っています。妊活にも大事なホルモンなのです。

さらに、**更年期には骨粗鬆症《こつそしょうしょう》を予防したり、体内で脂肪の蓄積を抑えてくれる作用**もあるのです。そして高齢期に入ると、皮膚が乾燥

図16　ストレスによって活性化するＨＰＡ軸

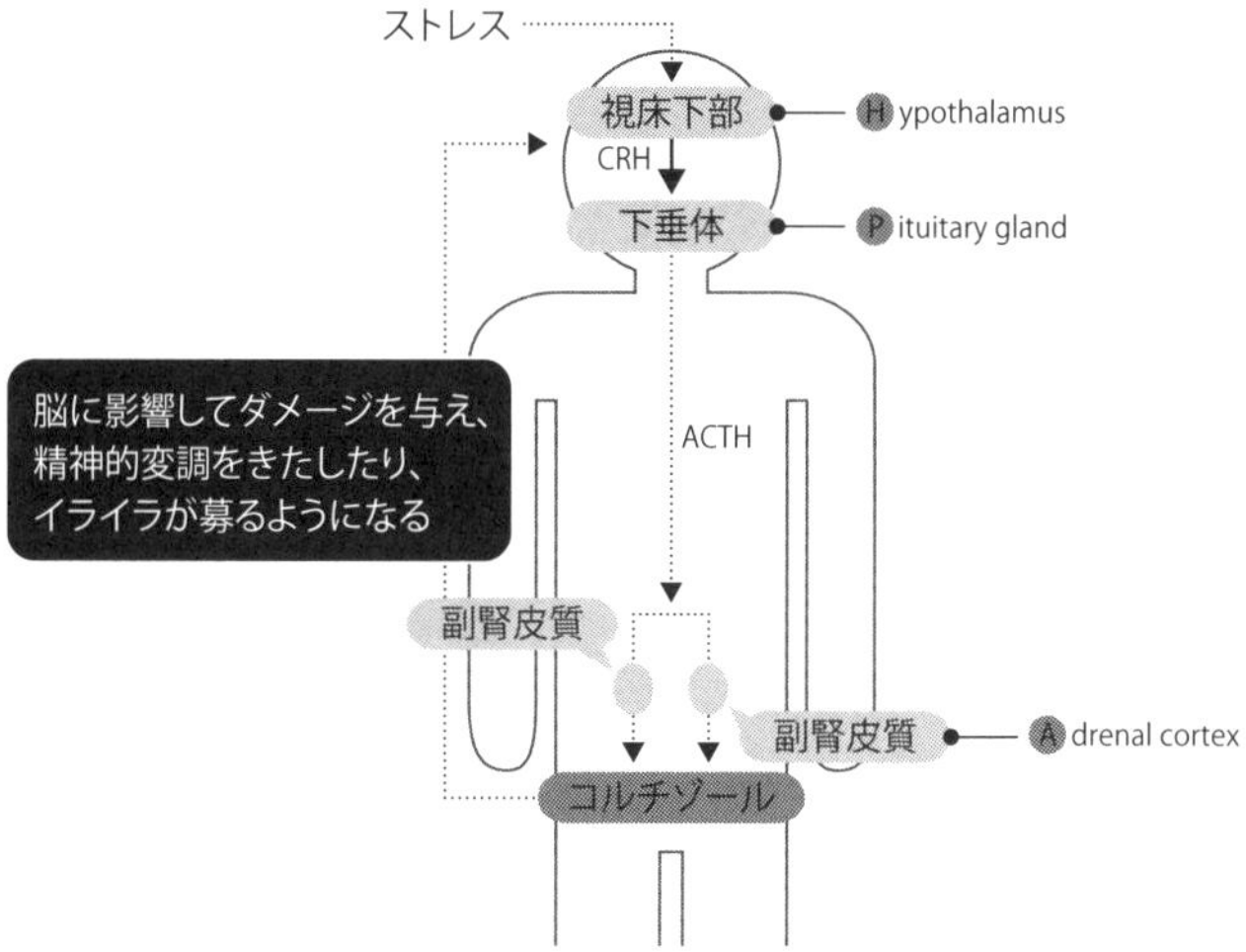

しやすくなりますが、オキシトシンは**皮膚のバリア機能を高めて乾燥を防いでくれる働き**もあります。

また**認知症の行動・心理症状（徘徊や攻撃的な言動など）を抑えてくれる作用**までであるのです。

このように人の生涯のライフステージそれぞれの段階で、とても大切な作用を持っている、とても不思議ですが大事なホルモンなのです。

ストレス緩和効果

オキシトシンの大事な働きの1つが、ストレス緩和効果です。

まずは**図16**を参考にストレスを感じたときにどのような反応が身体に現れるか見ていきましょう。

脳がストレスを感じると、視床下部から副腎皮《ふくじんひ》質《しつ》刺激ホルモン放出ホルモン（ＣＲＨ）が分泌されます。すると下垂体前葉からの副腎皮質刺激ホルモン（ＡＣＴＨ）の分泌が促されます。ＡＣＴＨは血液中に入り、副腎皮質を刺激して、副腎皮質からコルチゾールの分泌を促します。コルチゾールは１７８ページで詳しく説明しますが、ストレスに対処する働きを持つ重要なホルモンです。しかし慢性的に分泌され続けると、身体のさまざまな部位に悪影響を与えてしまいます。

この一連の働きは、ＨＰＡ軸「視床下部―下垂体―副腎系」と呼ばれています。

さて、オキシトシンとＨＰＡ軸の関係ですが、オキシトシンはこのＨＰＡ軸の反応を抑制してくれる作用があります。それは、視床下部のＣＲＨをつくるのと同じ室傍核にオキシトシンをつくる細胞もあるからです。

つまりストレスを感じたときにもオキシトシンは分泌されて、ＨＰＡ軸のストレス反応を抑制してくれると同時に、他者との信頼関係の絆を築いて、協力して危機に立ち向かうように仕向ける働きをしているのです。

オキシトシンの幸福感

図17は、著者が大学生３００人に行った調査結果です。「あなたが安心して人とつながること

図17　安心して人とつながることで幸せを感じるとき

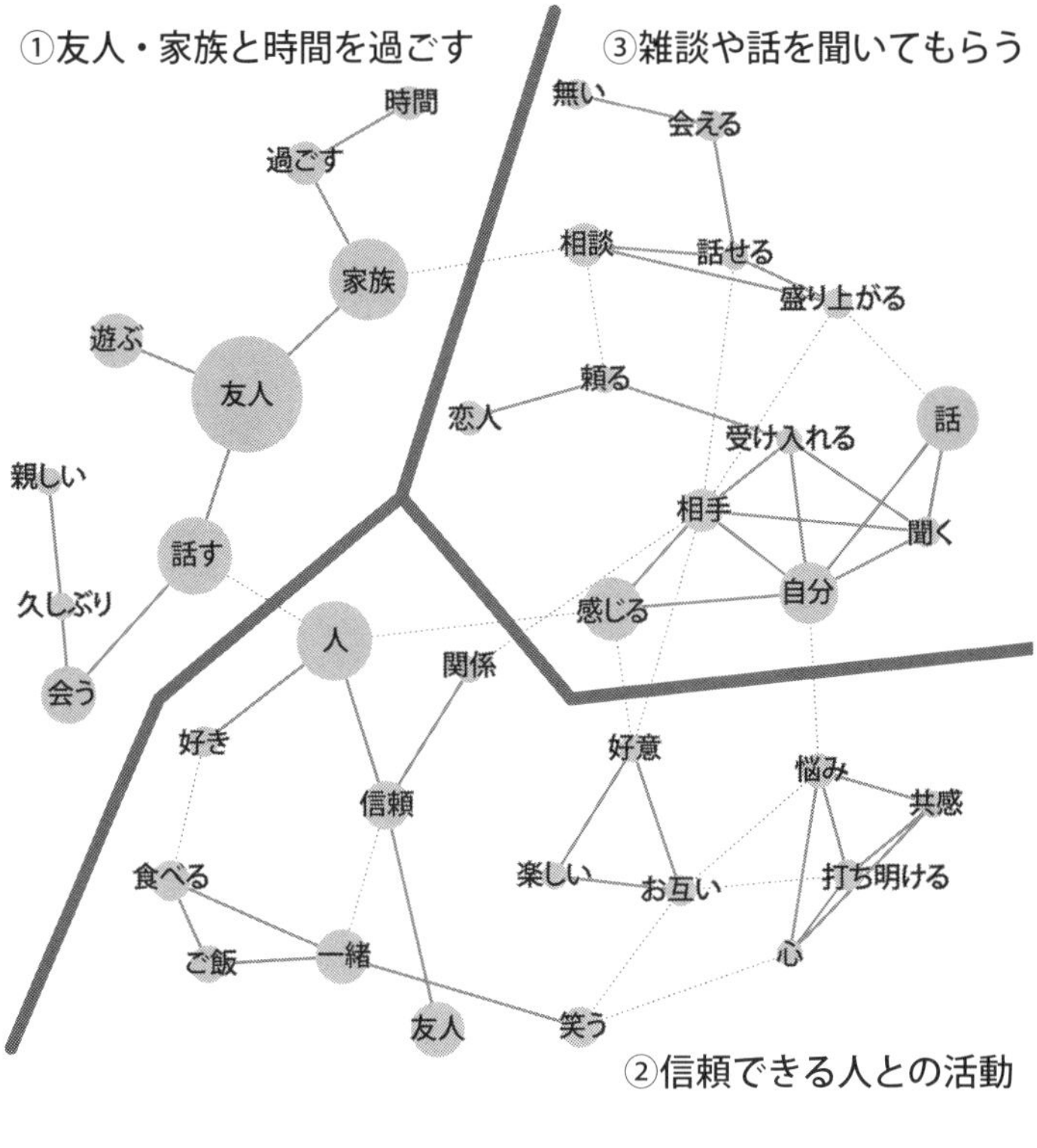

丸の大きさは出現頻度。大きい丸ほど多くの人が書いた言葉。
線はそれぞれの言葉のつながり。線が太いほどつながりが強い。

（出典：山口創研究室）

で幸福を感じるのはどんなときですか？」という質問で、オキシトシンが分泌される代表的な場面について回答してもらいました。

最も多く回答があったのは、①「友人」と「話す」「会う」、あるいは「家族」と「過ごす」ことがあげられていました。
②「信頼」できる「人」や「友人」との関係や、「一緒」に「ご飯」を「食べる」、「一緒」に「笑う」といった、共に活動する場面もあります。
また③「相手」の話を「聞く」「受け入れる」といったケースもありました。

このように、信頼できる親しい友人や家族と、気持ちを共有して話をしたりご飯を食べたりして共感してもらえるような場面であることがわかります。人はこのようなときに、人とのつながりを感じて幸福感を感じるのです。

◎オキシトシンを増やす身近な方法

それでは、どうしたら自分でオキシトシンを増やすことができるか、その方法について紹介していきましょう。

＊ボランティア活動

米国の行動経済学者ザックたちのグループは、鼻腔用スプレーを使って参加者に合成オキシトシンを吸入してもらい、相手に対する信頼を測る「ゲーム」を使って、渡されたお金をどのように仲間と分け合うかを観察しました。

すると、オキシトシンを吸入した人はそうしなかった人よりも約8割も多くの金額を他者と分け合うようになったのです。**オキシトシンの作用で、利他的な行動が増えた**のです。

このようにオキシトシンと利他的な行動に関係があるとすれば、そのような行動をしている人ほどオキシトシンの働きでストレスが低下して、身体的にも健康になれるとも考えられます。

この点について、米国の心理学者ポーリンたちは、まず実験参加者のオキシトシン受容体の遺伝子のタイプを調べてみました。

オキシトシンの受容体には大きく2つのタイプがあり、オキシトシンをよく受けとるタイプの人と、あまり受けとらないタイプの人がいます。そして2年間の間に同じ人たちに再調査をし、その2年間にボランティア活動をどのくらいやったか聞き出し、同時に健康状態も調査しました。

研究の結果、**オキシトシンが効きやすいタイプの遺伝子を持つ人は、病気になりにくい**ことがわかりました（**図18**）。

そしてボランティアに積極的に参加した人も、やはり病気にはなりにくいこともわかりました（**図19**）。

この結果については、ボランティアに積極的に参加したことでオキシトシンが分泌され、その結果としてオキシトシンがストレスを緩和してくれたために健康状態を維持できたのだと考えられます。

図18　オキシトシンが効きやすい人は病気にかかりにくい

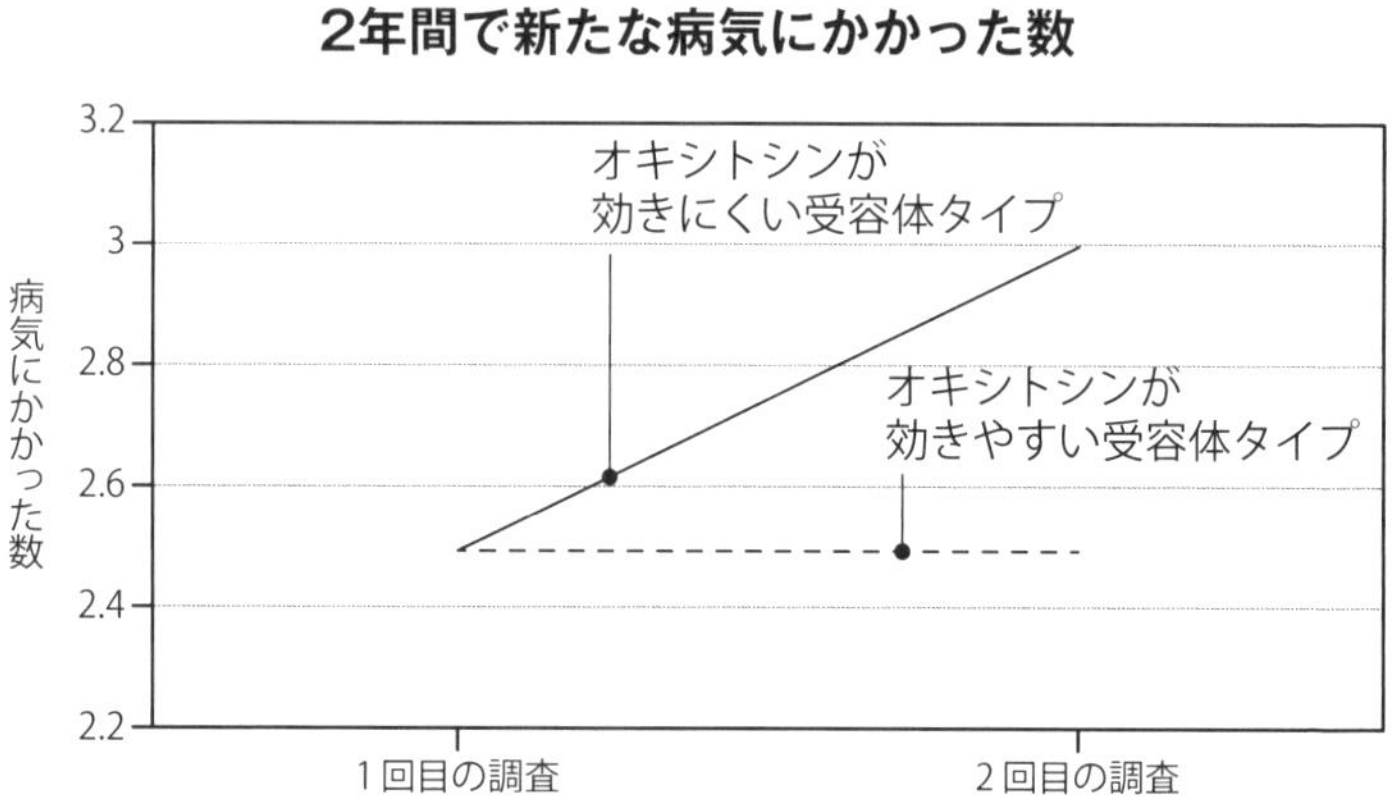

（出典：Poulin,M.J.,2014より）

図19　ボランティアに参加した回数が多い人は病気にかかりにくい

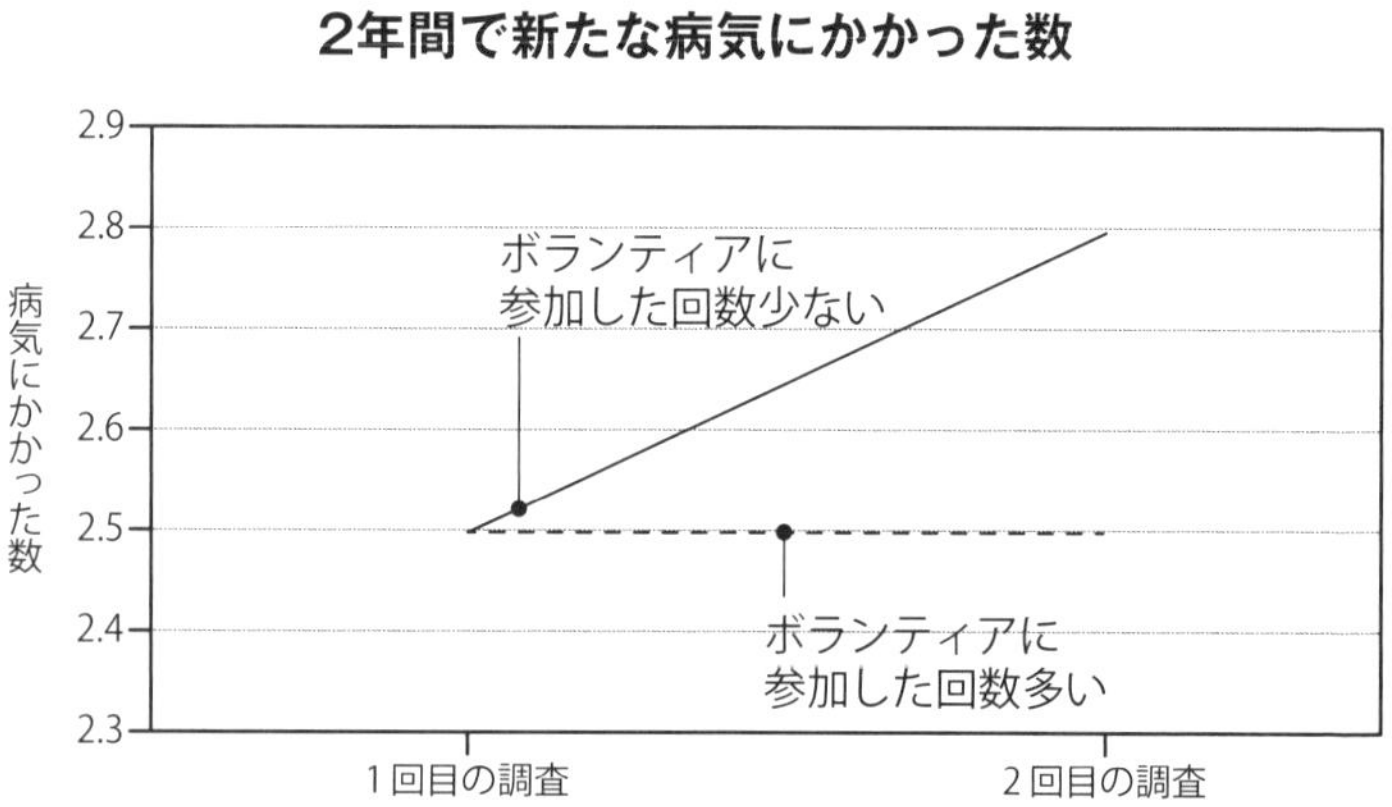

（出典：Poulin,M.J.,2014より）

またボランティアはドーパミンの分泌も促します。それは他人から喜ばれたり、感謝されるといった社会的報酬がもらえるからです。

その証拠に、生理学研究所の定藤規弘《さだとうのりひろ》たちは、ネット上で寄付をする人の脳活動を測定してみました。実験の結果、「他人が見ている」ときに寄付をするほうが、線条体《せんじょうたい》（図10参照）の活動が活発だったのに対して、「他人が見ていない」ときには、その活動が活発にならなかったのです。

つまり社会的報酬が得られる場面では、それを期待してお金を失う苦痛に耐えるのですが、社会的報酬が得られない場面では、お金を失う苦痛に耐えられずに寄付をしなくなるということになります。

ボランティアを続けるためには、やはり相手からの社会的な報酬が必要だと考えられます。

＊ペットを飼う

コロナ禍の「巣ごもり生活」が続いたとき、ペットの需要が大幅に増えたそうです。ペットとふれ合うことで不安やストレスからの癒《いや》しを求めて、多くの人はペットを買い求めたのでしょう。

これまでの研究でも、**犬を飼うことで、人と犬の両者のオキシトシンの分泌が促され、ストレスが減る**ことが報告されています。

スウェーデンの動物学者ハンドリンたちのグループは、アンケート調査や実験を行って、犬のオキシトシンレベルと飼い主のオキシトシンレベルは、高い相関関係にあることを突き止めました。

その理由は、オキシトシンが多い飼い主は、犬と頻繁にふれたりキスしたりしているため、犬のオキシトシンも増えるのです。逆に、飼い主が犬を飼うことを負担に感じている場合、飼い犬のオキシトシンは低下しており、抗ストレスホルモンのコルチゾールが増えていました。

この結果はセラピーや子育てにも当てはまるでしょう。ふれることが大事だといっても、クライアントや子どもにただ機械的に無表情でふれるのでは、両者のオキシトシンは決して増えることはありません。やはりふれる前の段階として、十分にコミュニケーションをとり、安心・安全の感覚が確保された環境が必要なのです。

そうした前提条件が整えられてこそ、ふれることで、オキシトシンが分泌されるのです。

＊アロマセラピー

アロマの香りでもオキシトシンが分泌されます。

その代表がラベンダーです。**ラベンダーの匂いを嗅ぐと、相手のことを信頼するようになるの**です。

ではラベンダーの匂いを嗅ぐだけで、本当にオキシトシンの分泌が促されるのでしょうか？

ラットの実験ですが、ラットの脳からオキシトシンをつくる神経を取り出してきます。そこへラベンダーオイルを直接かけるのです。するとオキシトシンをつくる神経が活発に活動したのです。

その理由はラベンダーオイルに含まれている成分である、リナロールや酪酸《らくさん》リナリルに、オキシトシンをつくる神経を活性化させる作用があるからです。他にもクラリセージオイルやネロリ、ジャスミンアブソリュート、ローマンカモミール、インディアンサンダルウッドでもオキシトシンの分泌が促されることが確かめられています。

この実験の結果からいえることは、アロマの匂いを嗅いで快適な気持ちになることは必ずしも必要ではないということになります。個人の好みや快適さ、過去の経験にかかわらず、ラベンダーに含まれる成分の薬理的な作用だけで、オキシトシンの分泌は促されることもあるのです。

このようにラベンダーオイルはオキシトシンの分泌を促すことは明らかです。そのためラベンダーにはオキシトシンの作用と考えられる作用が次々と明らかになっています。

たとえば**ラベンダーの香りを20分嗅いでもらうと、抑うつや不安が顕著に低減**することも研究から明らかになっています。これもオキシトシンの分泌が促された効果だと考えられます。なぜなら、オキシトシンが分泌されると、セロトニン神経も賦活《ふかつ》するため、脳内のセロトニンが増えるからです。

また研究では参加者の血圧や抗ストレスホルモンのコルチゾールも測定しましたが、これらいずれの指標でもラベンダーの匂いを嗅ぐと低下していました。

このような身体への効果もやはりオキシトシンの作用です。オキシトシンは、ストレスによる身体への反応（HPA軸）を抑制し、血圧を低下させてストレスホルモンを低下させるからです。

＊甘い物を食べる

オキシトシンは、味覚でも分泌されます。そしてオキシトシンが分泌されると、食欲を抑制する作用が出てきます。だから人は、ストレスを感じるとスイーツなど甘い物を食べたくなり、実際に食べると幸福感を感じてストレスが癒やされるのです。

そしてオキシトシンが分泌されると、満腹感を早く感じる作用もあるので、ストレスによる過食を防いでくれるのです。

また著者が、カルビー（株）と共同研究をおこなった結果でも同じことが確認されています（図20）。その研究では、フルーツグラノーラ（フルグラ®）を含む4種類の朝食（ごはん、パン、オートミール）を食べてもらい、その前後で唾液に含まれるオキシトシンの量を測定してみました。すると、フルグラ®を食べたときは、他の試験食を食べたときに比べて、オキシトシンが多く分泌されることがわかりました。

フルーツグラノーラを摂取するとオキシトシンの分泌が促された理由として、適度な甘さ（甘味）と、焼き上げた香ばしさ（香り）の2つがあると考えられます。

図20　各試験食を摂取する前後でのオキシトシンの変化量

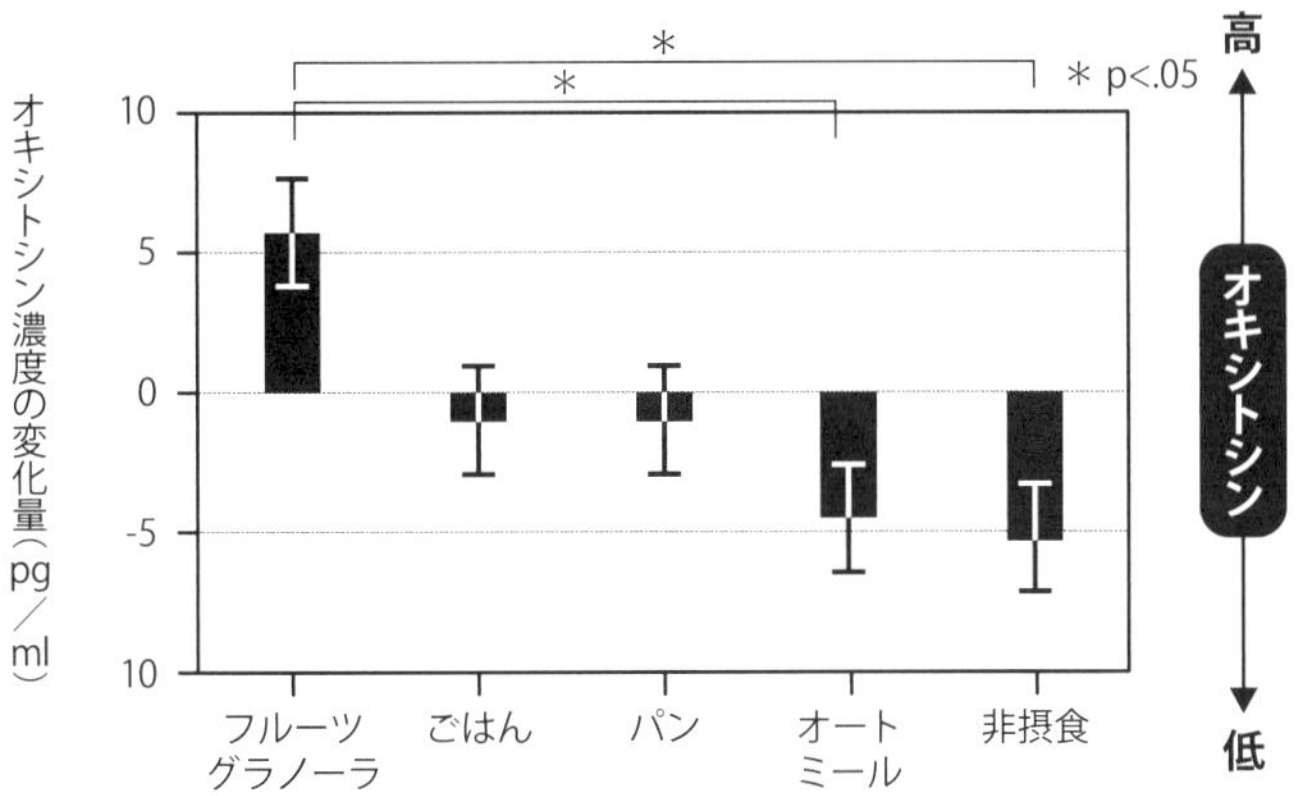

（出典：山口創とカルビー㈱）

こうしてオキシトシンが分泌された結果、幸福感を感じ、そして同時に食欲が抑えられるために多量に摂取するのを抑制してくれるのでしょう。

＊音楽を聴く・歌う

ドイツの心理学者ウルフたちは、156人の妊娠中の女性を対象に、歌うことが母と胎児の絆や母体のストレスに与える影響を調べました。参加した女性は無作為に2つのグループに分けられました。

歌うグループは歌のレッスンを受けましたが、比較のためのグループは単に出産前の母親の準備について学びました。実験の結果、歌うグループでは母親のオキシトシンが増えており、胎児との絆がより強まることがわかりました。また妊娠中の母親のストレスも軽減されました。

生まれる前からのこのような取り組みが、生まれてからの母子の絆を強め、虐待を予防する効果も期待できそうです。

また音楽は、聴《き》くだけでなく歌うことで身体の変化も起きるため、オキシトシンの分泌が高まります。このとき、五感の他の感覚も作用させると、より効果があります。

たとえばお風呂上がりにゆったりしたソファに座り、ゆったりとした音楽を聴いたり口ずさみながら、保湿ケアをしたり、アロマオイルでマッサージをしてはどうでしょう。この上なくオキシトシンの効果が発揮されることでしょう。

推し活のすすめ

推しがいることで、心身にはどのような影響があるのでしょう。

昔から女性は「恋をするとキレイになる」といわれることがあります。それは、トキメキが女性ホルモン（エストロゲン）の分泌を活性化しているからです。

心がときめくとドーパミンが増えて、「手に入れたい」という気持ちが高まります。このときオキシトシンも分泌されます。すると「親しくなりたい」「一体化したい」といった気持ちも生まれてくるでしょう。

このように脳内が幸せホルモンでいっぱいになると、エストロゲンの分泌が促されるのです。

恋をするからキレイになるのではなく、ときめくからキレイで若々しくいられるという仕組みです。

推し活にも同じ効果があります。推し活は、１人でやるよりも、仲間と交流しながらやったほうが楽しいですね。

同じ推しがいることで、自分の気持ちに共感してもらえ、相手の話にも共感できて話が盛り上がるでしょう。オキシトシンやセロトニンは、共感の気持ちを高める作用があります。またそこから話題が発展して、何か困ったことがあったときに、サポートしてもらえるような関係がつくられていくでしょう。

これらはまさにオキシトシンを増やす絶好の行為になります。

特にシニア世代には推し活はおすすめです。

シニア世代は、体力の衰えや病気やケガなどが多くなり、だんだんと家に引きこもりがちになります。また子どもも独立して孤独感を感じやすい世代です。孤独感は抗ストレスホルモンのコルチゾールを生み出し、身体の健康をさらに悪化させてしまいます。

このような世代こそ、推し活をして心をときめかせ、健康の維持・増進に役立てましょう。特にシニア世代におすすめな推し活は次の４つです。

①仲間と一緒にやる
②物より体験
③ボランティア的（利他的）な要素を含む
④聖地巡礼や旅行

避けたほうがいいのは、依存症のようになってしまう行為です。依存症はドーパミンが多すぎる状態です。「推しのことが頭から離れない」「日常のことが手につかない」などの症状があったら要注意です。

そのようなケースではどうしたらいいでしょうか。依存症は、孤独感や心の空白を埋めるかのようにある行動に依存してしまう状態です。ですからセロトニンを増やしてその行動にブレーキをかけて、心の空白を満たすようなことをするのが解決になります。

「それを手に入れて幸せになれるか？」「買うことが目的になっていないか？」自問してみるのがいいでしょう。

◎スキンシップでオキシトシンの恩恵

＊赤ちゃんとのスキンシップ

最近、生まれてすぐの快適な触覚刺激によりオキシトシン分泌と受容体の活性度の双方が高まり、それは成人後の親和行動につながることまでわかってきました。

サルの実験でも、幼少期に親との身体接触がなかった赤ん坊が成長後には配偶行動がとれなくなったという研究があります。配偶行動はまさに1対1の親密な身体接触を必要とする行為です。生後すぐにカンガルーケア（生まれたばかりの赤ちゃんを胸に抱っこする）を受けた赤ちゃんのオキシトシンは、受けなかった赤ちゃんに比べて顕著に増えるのです。

ただし子どもの頃に、虐待を受けるなどの深刻なストレスを受けた場合は、その影響は将来にわたって悪影響を及ぼしてしまいます。

コロナ禍は私たちにとって、とても大きなストレスだったと思います。特に緊急事態宣言が出ているときは、外食もできない、旅行にも行けない、県境を越えて移動してはいけない、などの厳しい制限があったため、親しい人と会うことも制限されてしまいました。

このようなストレス状況下で、著者らが行った研究結果は興味深いものでした。たとえば幼少期に虐待などの逆境的な体験を受けた人は、そうでない人よりも、幸福感が低く、抑うつ的になっていたことがわかりました。

オキシトシンとセロトニンは幼少期の逆境的な体験によって分泌量が減少してしまいます。そのため、幼少期に虐待を受けるなどの過酷な体験をしてしまうと、長期にわたってストレスを感じやすく、抑うつ状態にもなりやすいのだと思われます。

それでも心配はありません。**オキシトシン神経**（オキシトシンをつくる神経細胞）**はいつでも修**

復することができるからです。成長してからでも、親しい人と親密な信頼関係を築くことができれば、オキシトシン神経は修復されて、その恩恵を受けることができるのです。

＊子育てへの影響

子犬を離犬に会わせてみます。授乳中や分娩した直後の母犬は、子犬に近づこうとします。しかしまだ出産したことのない処女犬は、はじめて子犬を目の前にすると、子犬を避けるか、子犬に対して攻撃する傾向があります。

このような行動の根底にある神経学的システムとして、ドーパミンとオキシトシンが重要な役割を果たしていることがわかってきました。ドーパミンは、母犬が子を毛づくろいしたりなめたりするとき、あるいは分離された後に子と再会したときに放出されます。嬉しくてもっともっと求めているのでしょう。実際にドーパミンが出ている母犬は、子犬の世話に費やす時間が長くなります。

人間の研究では、乳児の泣き声を聞いている母親は、側頭葉と扁桃体《へんとうたい》（側頭葉内側の奥に存在する神経細胞）が活性化していました。これはイライラしたり、ネガティブな気持ちになっているということです。しかし鼻から人工的なオキシトシンを噴霧すると、扁桃体の活性が治まったのです。

乳児の泣き声に対するネガティブな気持ちやイライラといったストレスが、オキシトシンによって抑えられたのです。

しかし一方で、ある特定の状況においては、オキシトシンは攻撃性を高めることもあるようです。

ラットの母親は、子に近づく侵入者を積極的に攻撃します。子どもを外敵から守ろうとしているのです。母親の攻撃性は授乳中にピークに達し、オキシトシンがこの行動を強めている可能性があるといわれています。オキシトシンは、母親が「防御的攻撃」をしている最中に高まるからです。決して誰に対しても攻撃的になるわけではありませんので、誤解のないように注意が必要です。

さらにオキシトシンは相互作用する相手に関する情報を収集しようとします。たとえば、オキシトシンを投与すると、相手の顔、特に目の周りに注意を向けて、相手の気持ちを読みとろうとするのです。

「目は心の窓」といわれるように、目の領域へ注視すると、相手の気持ちへの認識が高まるのです。目の領域からの手がかりに集中すると、相手の意図をより的確に推測することができる結果、相手の気持ちが正確にわかるようになります。

さらに、オキシトシンは怒った顔や中立的な顔よりも、幸せそうな顔の記憶を強めます。ですから**子どもを抱っこして親子のオキシトシンが高まっているとき、母親は子どもの幸せそうな顔をずっと記憶し続けることができる**のです。

昔の子どもの幸せな顔の記憶があるからこそ、子育てでつらいことがあったり、子どもが思春期になってひどい言葉をいったりしたときにも、それに耐えて子どもを育てようという気持ちを支え続けてくれる役割を担《にな》ってくれるのです。

＊タッチケア

掛川《かけがわ》市の「スキンシップのすゝめ」――

著者は2017年から3年間、静岡県掛川市で保育園の園児を対象に実践的な研究に取り組みました。掛川市では「親子の愛情日本一」の市を目指すという市長の掛け声のもと、そのための手段として子どもへのスキンシップを増やそうという施策を始めたのです。著者はそのための研究の監修を行いました。

まず掛川市内の保育園2施設を選び、そのうち1つを「スキンシップ園」と名づけ、3カ月間は家庭では親子のスキンシップを増やしてもらい、日々の活動の中で保育士とのスキンシップも増やしてもらいました。保育園では昔から伝わる日本の伝承遊びを中心にスキンシップ遊びをたくさんしてもらいました。

そしてもう1園は比較のために特にスキンシップは増やさずに、通常通りの活動だけをしても

図21 掛川市の「スキンシップのすゝめ」のパンフレット

掛川市 HP：https://www.city.kakegawa.shizuoka.jp/kakekko/docs/303796.html

ら う「比較園」としました。それぞれの園の園児10名を選び唾液を採取してオキシトシン濃度を測定し、保護者からは愛着に関する評価や子どもの社会的能力についても心理尺度を用いて評価してもらいました。

実験の結果、まず「スキンシップ園」の子どもたちはオキシトシン濃度が有意に上昇していました。さらに社会的能力が高まり、子どもの親に対する情緒的な絆である愛着が安定する傾向も見られました。またそのような傾向は、特に実験開始の時点で相対的に低い子どもほど、効果が顕著に現れていました。

この研究から考えられることは、タッチケアは特に早期産の子どもの問題としてだけではなく、満期産の子であってもその後の養育においてスキンシップが不足した場合には神経のレベルで問題が起こっているのであり、オキシトシンレベルの低下により愛着の問題や心理・行動的な問題が現れている可能性があるということです。

掛川市では、**図21**のようなパンフレットを作成し、子育て中の世帯に配布して、スキンシップの啓蒙に取り組んでいます。このパンフレットは掛川市のホームページから誰でも無料でダウンロードすることができるので、ぜひご一読ください。

＊好きな人とのスキンシップ

思春期だった頃のことを思い出してみてください。

まだ男女の関係になく、お互い意識して恋愛関係が発展している最中は、相手のことを思うだけでドキドキときめいた経験があるでしょう。漫画で目がハートになったような状態です。これはまさにドーパミンの作用です。

しかしドーパミンの作用は、性ホルモンの影響を受けるため、男女で少し違った行動として現れます。男性は相手の女性に対する独占欲が高まり、自分のものにしようと衝動的な行動に駆り立てられます。それに対して女性はむしろ恋愛中の男性と自分の友だちを会わせたり、友だちと一緒にデートしたりすることに喜びを感じます。

のちほど第6章で紹介するように、男性ホルモンのテストステロンは、利己的で自分の喜びや満足を追求するように働きますが、女性ホルモンのエストロゲンは、利他的で他者の喜びを追求

郵便はがき

切手をお貼りください。

102-0071

東京都千代田区富士見一―二―十一
KAWADAフラッツ一階

さくら舎 行

住　所	〒　　都道府県		
フリガナ		年齢	歳
氏　名		性別	男　女
TEL	(　　　)		
E-Mail			

さくら舎ウェブサイト　www.sakurasha.com

愛読者カード

ご購読ありがとうございました。今後の参考とさせていただきますので、ご協力をお願いいたします。また、新刊案内等をお送りさせていただくことがあります。

【1】本のタイトルをお書きください。

【2】この本を何でお知りになりましたか。

1.書店で実物を見て　2.新聞広告(　　　　新聞)
3.書評で(　　　　)　4.図書館・図書室で　5.人にすすめられて
6.インターネット　7.その他(　　　　)

【3】お買い求めになった理由をお聞かせください。

1.タイトルにひかれて　2.テーマやジャンルに興味があるので
3.著者が好きだから　4.カバーデザインがよかったから
5.その他(　　　　)

【4】お買い求めの店名を教えてください。

【5】本書についてのご意見、ご感想をお聞かせください。

●ご記入のご感想を、広告等、本のPRに使わせていただいてもよろしいですか。
□に✓をご記入ください。　□ 実名で可　□ 匿名で可　□ 不可するように働くからです。

そして男女の関係になったあと、つまり性行為後は、相手を手に入れて自分のものにした達成感でドーパミンは低下して、代わりにオキシトシンが高まり、愛着のような絆を強めます。

またオキシトシンは、女性のほうが強く働くため、相手の男性への執着が強まりますが、エストロゲンも増えるため、その影響で常に友だちにもその状況を共有することで喜びを感じます。

それに対して男性の場合、性行為は、オキシトシンと男性ホルモンのテストステロンを増やします。ところがテストステロンはオキシトシンの作用を相殺《そうさい》してしまいます。その結果、相手の感情に対する理解や共感が低下して、自分のエゴイスティックな喜びを追求し、支配性や攻撃性が高まってしまうのです。それが行きすぎた場合にはストーカーのような行動に走らせてしまうのです。

しかし、オキシトシンの効果が上回れば、大丈夫です。

2つの研究を紹介しましょう。

まずはドイツの精神医学者シェーレらの研究によると、オキシトシンが多い既婚者の男性は、魅力的な女性を自分から遠ざけようとすることがわかりました。つまり既婚男性の場合、オキシトシンが多いと自分の配偶者との絆が強いため、他の女性をある一定の距離の内側に入るのを防ごうとするのです。

オキシトシンは、浮気を防いでくれる良薬なのです。

オキシトシンが豊富であれば、夫婦喧嘩をしても大丈夫です。オランダの心理学者コズフェルトらの研究では、まず夫婦で意見が異なる話題（家計や子どもの教育など）を夫婦で選んでもらいます。そしてそれについて夫婦で話し合ってもらい、そのときのアイコンタクトなどの行動を観察してみます。

そのとき人工的につくったオキシトシンを鼻から吸って脳に入れたグループと、作用のない生理食塩水を吸ってもらうグループに分けて、比べてみます。すると結果は、オキシトシンは、意見の異なる課題を話し合う場合でも、互いにふれあうなどして、激しく対立するのを防いでくれたのです。

オキシトシンは、テストステロンのように強力な作用ではなく穏《おだ》やかな作用のため、テストステロンが分泌されると、相殺されてしまいます。

特に男性のテストステロンは強力です。男らしい行動や性格はテストステロンによってつくられるため、女性にとってはそのような男性に魅力を感じるわけですが、あまりに支配的だったり攻撃的だったりする男性の場合、スキンシップをするなどでオキシトシンを増やしてあげることで、その効果をやわらげることができるでしょう。

図22　メスのラットのロードシス

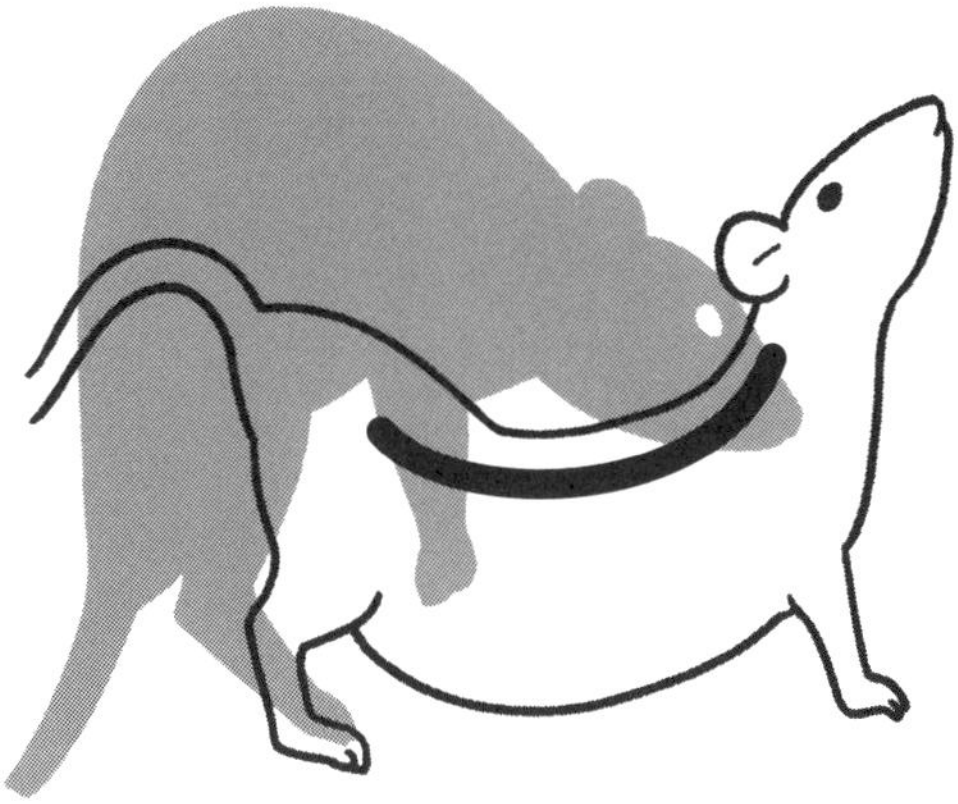

＊性行為

性行為にとって重要なホルモンはオキシトシンとドーパミン、テストステロンです。テストステロンとドーパミンの相乗効果によって、性的な欲求を強めて、性行為による報酬を強める働きをしています。

ドーパミンは性行動によって得られるご褒《ほう》美《び》を追い求めて、性行動を積極的にします。そしてテストステロンは性欲を増進し、火に油を注ぎます。これらだけであれば、「相手が誰でもいいから性欲を満足できればいい」という自分本位な行為になってしまうでしょう。しかしそこにオキシトシンが加わることで、特定の人に対してだけ1対1の性行動を促すように作用が変化するのです。

またオキシトシンは、男性と女性の両方の

性的行動を強化します。

オキシトシンとドーパミンは、男性では陰茎の勃起を誘発します。ラットの実験では、オキシトシンを投与すると、オスのラットの挿入から射精までの時間を短縮させます。

メスのラットでは、オキシトシンは、交尾を期待してロードシス（脊柱を背屈させる動作）の姿勢をとらせます（図22）。


また妊活にもオキシトシンは効果的です。男性の場合、オキシトシンを投与すると、1回に放出される精子の量が増えることがわかっています。

女性の場合はオキシトシンが子宮の収縮を促すため、オーガズムの際の子宮の収縮を強めるので、精子の吸いこみ力を高めて妊娠しやすくなるのです。

妊活というと、すぐに病院で治療をしなければ、と思ってしまう方は多いと思います。ですがオキシトシンの効果を利用すれば、医療だけに頼るのではなく、普段からの夫婦のスキンシップを増やしたり、義務感ではなく愛を育むような愛撫を中心とした性行為を愉《たの》しむことが、結果としてオキシトシンを増やし、妊娠につながる近道だといえるでしょう。

◎オキシトシンと他の幸せホルモンの関係

＊オキシトシンとドーパミン

ドーパミンはアルコールや薬物に対する依存を強めます。それに対して**オキシトシンはアルコールや薬物への欲求を抑えてくれます**。こうして「もっとお酒を飲みたい」「もっとタバコを吸いたい」という欲求が抑えられるのです。

アルコール依存症の人の多くは、孤独に苛《さいな》まれています。その苦痛を紛らわせるために、ひとりで飲んでいるうちに、その快感に歯止めがかからなくなり、少しずつお酒の量が増えていってしまうのです。そこでお酒はできるだけ他の人と一緒に飲むようにすれば、オキシトシンも一緒に分泌されて、依存症になるのを防ぐことになるのです。

＊オキシトシンとセロトニン

オキシトシンとセロトニンの関係は、オキシトシンがセロトニンを増やすと同時に、逆にセロトニンがオキシトシンを増やす働きもしています。

セロトニンは他の人に対して優越を感じるときにも分泌されます。そして自尊感情を高めます。しかしセロトニンばかりを追い求めているとどうなるでしょうか。たとえば会議のときに自分の発言が皆から称賛されたとします。するとセロトニンが大量に分泌されて、他のメンバーに対して優越を感じ、自尊感情が高まるでしょう。

しかしさらに多くのセロトニンを追求した場合、他のメンバーを支配しようとするような言動も出てくるでしょう。しかしそのような唯我独尊《ゆいがどくそん》的な態度をとってしまったら、他のメンバーからの信頼を失い（オキシトシンの減少）、やがて不安や孤独を感じるようになってしまいます。

これはあとで述べますが、コルチゾールの増加につながり健康を害してしまいます。このように、人はセロトニンを増やすように行動する一方で、オキシトシンを減らさないようにバランスをとりながら行動するようになりました。それが集団の中で行動するための社会的スキルとなったのです。

第4章

セロトニンが不安やうつを遠ざける

○不安を感じやすい日本人へ

セロトニンは主に脳幹の縫線核《ほうせんかく》から分泌される神経伝達物質で、**不安やストレスを緩和して心のバランスを整えてくれます**。特に日本人はもともと不安を感じやすい遺伝子を持つ人が多いため、セロトニンを生かして安心・安全感を高めることは大事です。

セロトニンはどのようにして心のバランスを整えているのでしょう（図23）。

自律神経には交感神経と副交感神経の2種類があります。交感神経は主に活動しているときに働く神経で、副交感神経は休息しているときに働きリラックス効果をもたらします。セロトニンはこの2種類の神経を調節する働きを活性化させることにより心のバランスを整えています。

セロトニンは自然界の動植物に一般的に含まれる物質で、人体中には約10㎎が存在しています。このうち90％は小腸の粘膜に、8％は血小板に、残りの2％が脳内の神経に存在しています。ですから、わずか2％のセロトニンが精神面に大きな影響を与えていると考えられます。

セロトニンには、脳の大脳皮質に働き、**起きているときにスッキリした意識にさせる、朝起きたとき身体を活性化させる、痛みの感覚を抑制する、抗重力筋に働きかける**、などさまざまな働きがあります。

セロトニンが少なくなるとこれらの作用に問題が生じ、寝起きが悪くなったり、些《さ》細《さい》なことで

図23　脳内のセロトニン神経の経路

脳内セロトニンによる5つの脳機能

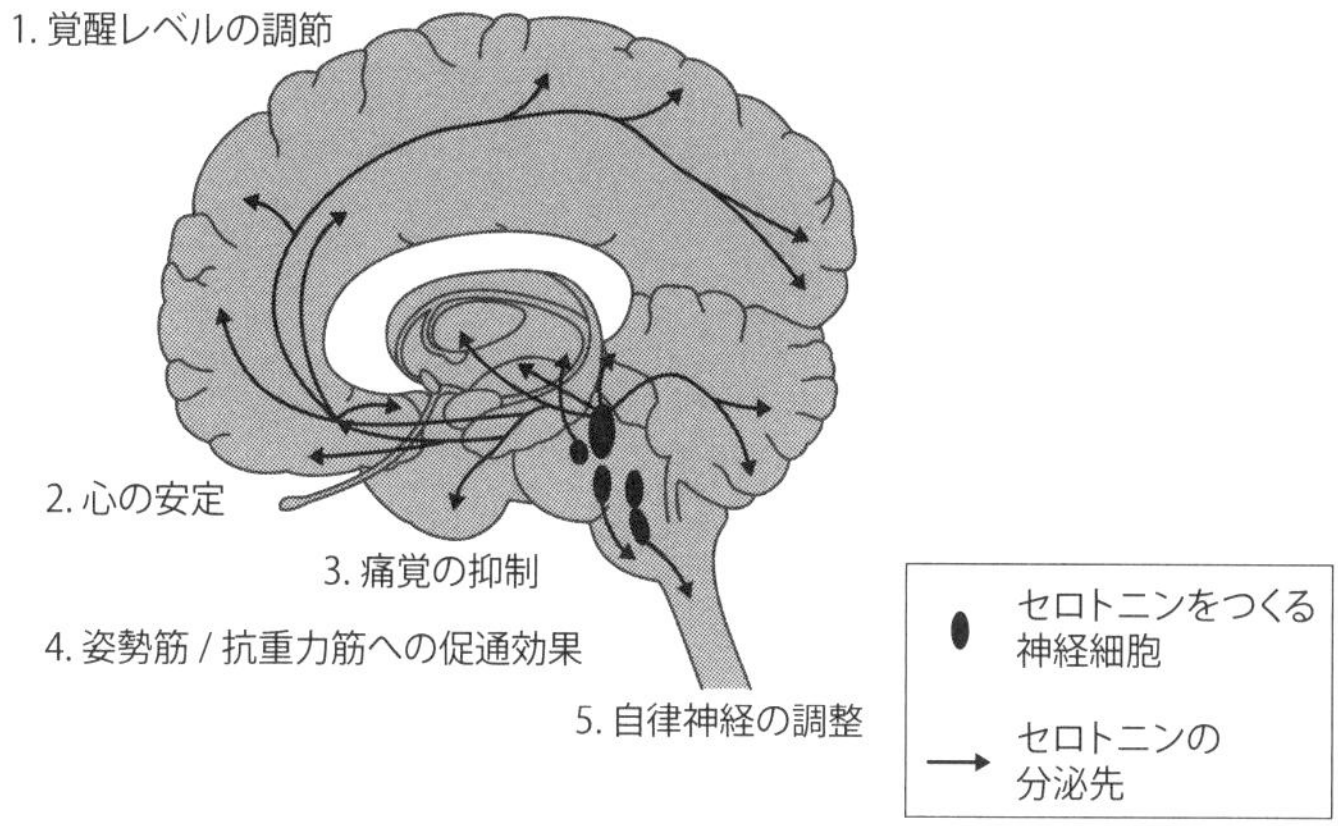

痛みを感じやすくなります。

　また、抗重力筋は重力に対して姿勢を保つ働きをしている筋肉群で、首や背中などの筋肉や、目を見開いたり笑顔をつくる表情筋のことです。セロトニンが不足すると背中が丸まったり、どんよりと締まりのない表情になってきます。

　セロトニンのバランスの乱れは、過敏性腸症候群や心血管系疾患、骨粗鬆症《こつそしょうしょう》にも関係しています。また、月経前症候群（ＰＭＳ）の症状も重くなります。ホルモン補充療法でエストロゲンを増やすと、セロトニンの分泌量も増えるので症状は軽くなります。

　脳内のセロトニンの不均衡は、強迫観念や強迫性障害を引き起こす可能性があります。ただしセロトニンのレベルが上昇しすぎると、「セロトニン症候群」という症状を引き起こす可能性があります。これは、吐き気や嘔吐《おうと》、震え、高熱などの症状です。

◎セロトニンの幸福感

セロトニンは特に覚醒しつつもリラックスした幸福感をもたらしてくれます。そして落ち着き、喜び、そして自信といった感情を引き起こします。つまり**心身を安定させ、快適な幸福感をもたらす物質**です。

次の**図24**は、著者が大学生300人に行った調査結果です。「あなたが安定した穏《おだ》やかな幸せを感じるのはどんなときですか?」という質問で、セロトニンが分泌される代表的な場面について回答してもらいました。

図24を見ると、多くあげられた場面は、①「ご飯」を「食べる」ときや、「健康」で「安定」した「日常」の「生活」を「送れる」こと、「十分」な「睡眠」「時間」を「確保」する、「朝」「実家」で「休日」に「母」と「起きる」といった穏やかな日常のありふれた場面を評価していることがわかります。

もう1つは、②「家族」や「友人」と「何気ない」「会話」をしたり「笑う」ことや、「恋人」や「友人」と「一緒」に過ごすといった、親しい人と時間を過ごすことが多くあげられていました。

図24　安定した穏やかな幸せを感じる場面

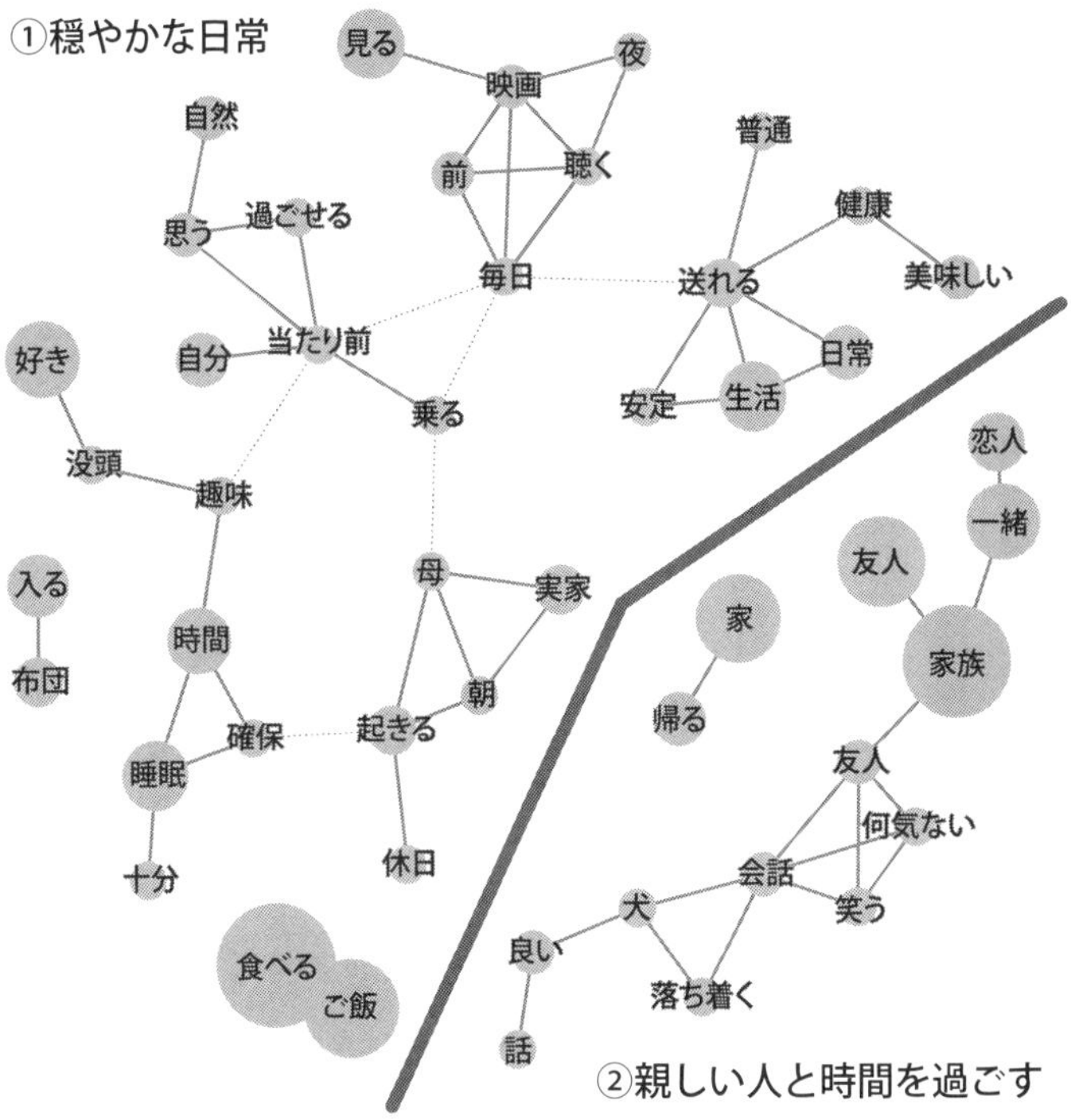

丸の大きさは出現頻度。大きい丸ほど多くの人が書いた言葉。
線はそれぞれの言葉のつながり。線が太いほどつながりが強い。

（出典：山口創研究室）

◎人と比べるセロトニンの役割

爬虫類は群れで暮らすことはほとんどありません。ですから食物を見つけたときには他の個体のことは気にせずに、食べ物に突進します。それに対して群れで生活する哺乳類が食物を見つけたとき、各々が我さきに食物に突き進んだとすると、群れの他の個体から攻撃される可能性があります。

生存にとって、食物を食べることよりもケガを避けることのほうが重要です。そのため、群れで暮らしている哺乳類の場合、自分の地位の優劣を判断したいという衝動は、食べたいという衝動よりも差し迫ったものになります。

そのため哺乳類は、自分が相手より劣位であると判断すると、優位な相手が食べ終わるまで自制するようになりました。逆に自分が相手より優位だと判断すると、セロトニンが急増し、我さきに食べることができるのです。

セロトニンはその行動を続けても大丈夫だ、安心だという感覚を生み出します。

また、たとえば犬の母親が子犬を8匹産んだとしましょう。しかし母親の乳首は6つしかなかったとします。すると子犬たちは他の子犬たちと争って乳首に吸いつこうとします。しかしこのとき、あまりに他の子犬と激しく争ったとすると、それでエネルギーを消耗してしまいます。

そこで子犬たちは、限られた乳首をめぐって適度に争いながらも、譲り合いながら皆が乳を飲めるようにして皆で生き延びようとします。

そのような判断がセロトニンの役割の1つです。もしも空腹になりすぎる子犬がいると、セロトニンが枯渇《こかつ》してコルチゾールが増えてしまいます。するとその子犬は、他の子犬のことは眼中からなくなり、攻撃的になって自分だけなんとしても乳にありつこうとするのです。

人間でもよく似た場面があるでしょう。たとえば会社の人たちと飲み会に行ったとき、料理が全員に運ばれた際に、最初にいちばん地位の高い人が箸をつけるまで、他のメンバーは待っているのが礼儀ですね。

飲み会のときなどは、地位の高い人が乾杯の音頭をとることもあります。こんなとき、音頭をとる人はセロトニンが高まって自分の地位の高さを確認できますが、それ以外の人たちは地位の低さを確認してストレスが溜まったり、早く料理を食べたくてドーパミンが出たり、さまざまな反応をするでしょう。そして実際に料理を食べれば、美味《おい》しさでオキシトシンも出てきて、仲間との絆《きずな》が深まるのです。

こうして集団で食事をする場面では、実にさまざまなホルモンが出ているのです。

英国の精神科医ビルダーベックらの実験では、4人で共有のお金を用意し、それを皆で分け合うゲームに参加してもらいます。このとき、セロトニンをつくる物質のトリプトファンを枯渇させてセロトニンが少ない人を入れておきます。するとその人は「皆で分け合う」という社会的な規範に対する意識が弱くなり、その結果、皆の共有財産の多くを自分だけのものにする人や、共有財産を使い果たしてしまう人までいたのです。

このことは、世界規模で起こっている、限られたエネルギーや食料の共有の問題にも当てはまるでしょう。世界中の人のセロトニンが減ってしまったとしたら、そのような限られたエネルギーや食料を、皆で平等に分け合って凌《しの》いでいくのではなく、自分だけのものにしようと争いが起こる傾向が出てしまうのです。

＊「下方比較」することで自尊感情を保とうとする傾向

国立遺伝学研究所が行ったマウスの研究では、まず４匹のマウスを一緒にしておきます。すると自然に地位が高いマウスから低いマウスまで順位が決まってきます。順位が低いマウスは高いマウスと出会うと、不安を感じたり、隅っこに縮こまって、うつのような症状を発症しました。その後、地位の低いマウスの脳を調べてみると、セロトニンを受けとる受容体の効きが悪くなっていることがわかりました。つまりそのようなマウスはセロトニンをうまく受けとることができないのです。

逆に地位の高いマウスは、セロトニンをたくさん受けとっていました。こうして地位の高いマウスは気持ちが落ち着いていて、自尊感情を高く保つことができるのです。

私たちも、意識するしないにかかわらず、常に自分を他の人と比べています。心理学ではこれを社会的比較といいます。特に自分の自尊心を保ちたいために、自分よりも下と思う人と比べる傾向があります。そうすれば、自分のほうが優位だということを確認できて、セロトニンが出て優越感を感じられるからです。こうした傾向を「下方比較」といいます。

現代ではSNSが発達しています。そこには多くの人が自分の幸福な写真やエピソードをたくさん発信しているでしょう。しかしそれらを目にすると、必ずしもよい気分にならないでしょう。実際、SNSを見ている時間が長い人ほど、幸福度が低く抑うつ傾向が高いこともわかっています。それは社会的比較によって劣等感を感じてしまうため、セロトニンが低下してしまうからです。

人との比較によって感じられる幸福感など、中身がなく虚《むな》しいだけです。しかも比べる相手は無数にいて、どのような相手と比べたら幸福感が感じられるか、といったことに心が汲々《きゅうきゅう》としていたとしたら、それだけで無駄に心が疲れてしまいます。

また、セロトニンは恋愛関係や友人関係でも、少しでも友だちよりも優位に立ちたい欲望を高めます。ですからつきあう相手はできるだけ地位の高い人（社会的地位という狭い意味ではなく、イケメンなど顔面偏差値が高い人など）とつきあおうとします。こうして自分は価値のある人だと認めてもらうことで自尊感情を高めようとするのです。

しかしここで提案したい幸せは、他人との比較で生まれるものではなく、自分で追求することによって、むしろ自分の内側からわいてくる幸福感です。

そのような幸福感を感じられる人は、いつも自信があって、胸を張って生きていることでしょう。今、「胸を張って」といいましたが、これは大事なことです。なぜなら、**「胸を張る」という姿勢をとるだけでセロトニンなどいろいろな幸せホルモンが分泌される**からです。

◎ザリガニの「セロトニン姿勢」

セロトニンは脊髄にも入っていて、姿勢にも影響を与えています。

筆者は子どもの頃から近所の田んぼでザリガニを取ってきては、家の水槽で飼っていました。しかし2匹のオスを同じ水槽に入れておくと、必ず悲劇が起こりました。小さい個体が必ず死んでいるのです。オス同士は必ずケンカをするのです。

そんなことを何度も繰り返しているうちに、オスとメスを一緒にしておけば、ケンカもせずに一緒にいられることがわかりました。

実際の研究でも、アメリカザリガニは、オス2匹を一緒にしておくと必ず闘争することがわかっています。そして30分以内に勝負がつくそうです。どちらが勝つかというと、やはり身体の

図25　セロトニン注射でザリガニの姿勢が変化する

（出典：Tierney,A.,&Mangiamele,L.,2001より）

大きい個体が勝つのですが、3％～7％というわずかな身長差であっても、身体の大きい個体が勝つのだそうです。

しかし身体の小さい個体にセロトニンを注射しておくと結果は違ってきます。なんと身体の大きい個体に勝つ確率は6割にも増えるのだそうです。それは身体を大きく見せる「セロトニン姿勢」をとるために、相手は「自分より大きいやつだ」と誤解して降参するからです。

図25をご覧ください。Aはセロトニンを注射する前の普段の姿勢です。Bは攻撃や防御の姿勢です。ハサミを上げて相手を威嚇《いかく》しています。Cはセロトニンを注射した後の姿勢です。身体を大きく見せるためにお腹を曲げています。

これは別の個体と優劣を争う闘いをした後、勝った個体がとる姿勢です。この姿勢は「セロトニン姿勢」として知られており、優越性や攻撃性を示す姿勢としてロブスターでも同じように見られます。

動物にとってグループのメンバー間の社会的地位の優劣は、生殖の成功となわばりの大きさを決めるために重要です。そこで2

匹が出会ったときの争いはまさに生死をかけた戦いで、弱いほうの死につながることもあるのです。

◎姿勢をよくするとセロトニンが増える

セロトニンは、脊椎動物の場合は、交感神経系から放出されるアドレナリンと同等の役割を果たすと考えられています。

アドレナリンは副腎髄質から分泌されるホルモンで、ストレスによって心拍数を上げたり、身体を戦闘モードにするホルモンです。

アメリカの心理学者エイミー・カディらの研究では、身体を大きく広げるような「ハイパワー・ポーズ」をとると、テストステロンが増えて、コルチゾールが減ることがわかりました。そして心理的にも幸福感ややる気を高め、ストレスを減らすことがわかりました。

それに対して身体を小さく縮めるようなローパワー・ポーズは、その逆の状態になることがわかったのです。

確かに「ハイパワー・ポーズ」をとると、それを見た相手に対して威圧的で権力のある人、といった印象を与え、相手は下手に出るようになるでしょう。このとき、「ハイパワー・ポーズ」をとっている本人にとっても、そのポーズをとることによって、パワーがわいてきて、ストレスが減るといった効果があるのです。

ある姿勢をとることで、その身体の情報が脳に伝わり、その姿勢と一致した心理状態がつくられます。その心理状態がテストステロンなどのホルモンの分泌を促したのでしょう。

またオークランド大学の心理学者ネアーたちは、実験参加者を2つのグループに分け、ストレスを与えました。2つのグループというのは、ストレスを受けても姿勢と頭をまっすぐに立てているグループ、もう1つはストレスを受けたときに猫背で頭を下に向けるグループです。それぞれのグループで、ストレスを受けたあとの心身の反応を測ってみました。

すると前者は後者よりも自尊感情が高く保たれており、ポジティブな感情を感じて、心拍が上がっていました。この姿勢は「逃げるか闘うか」といったように、一般的にストレスに対処するための姿勢であり、その姿勢をつくっていた結果として自尊感情が高く、ポジティブな感情を感じていたのでしょう。

逆にストレスを感じたときに後者の姿勢をとっていると、受け身的でダルいといったネガティブな感情が生まれてくるというのです。

抑うつ気分を低下させる

当然ですが、人間とラットの運動や姿勢の発達は異なっています。しかし出産後に直立姿勢をとるまでの過程を、時間軸を縮尺してみると、同じような経過をたどることがわかっています。

図26　ラットと人間の立ち上がるまでの姿勢の変化

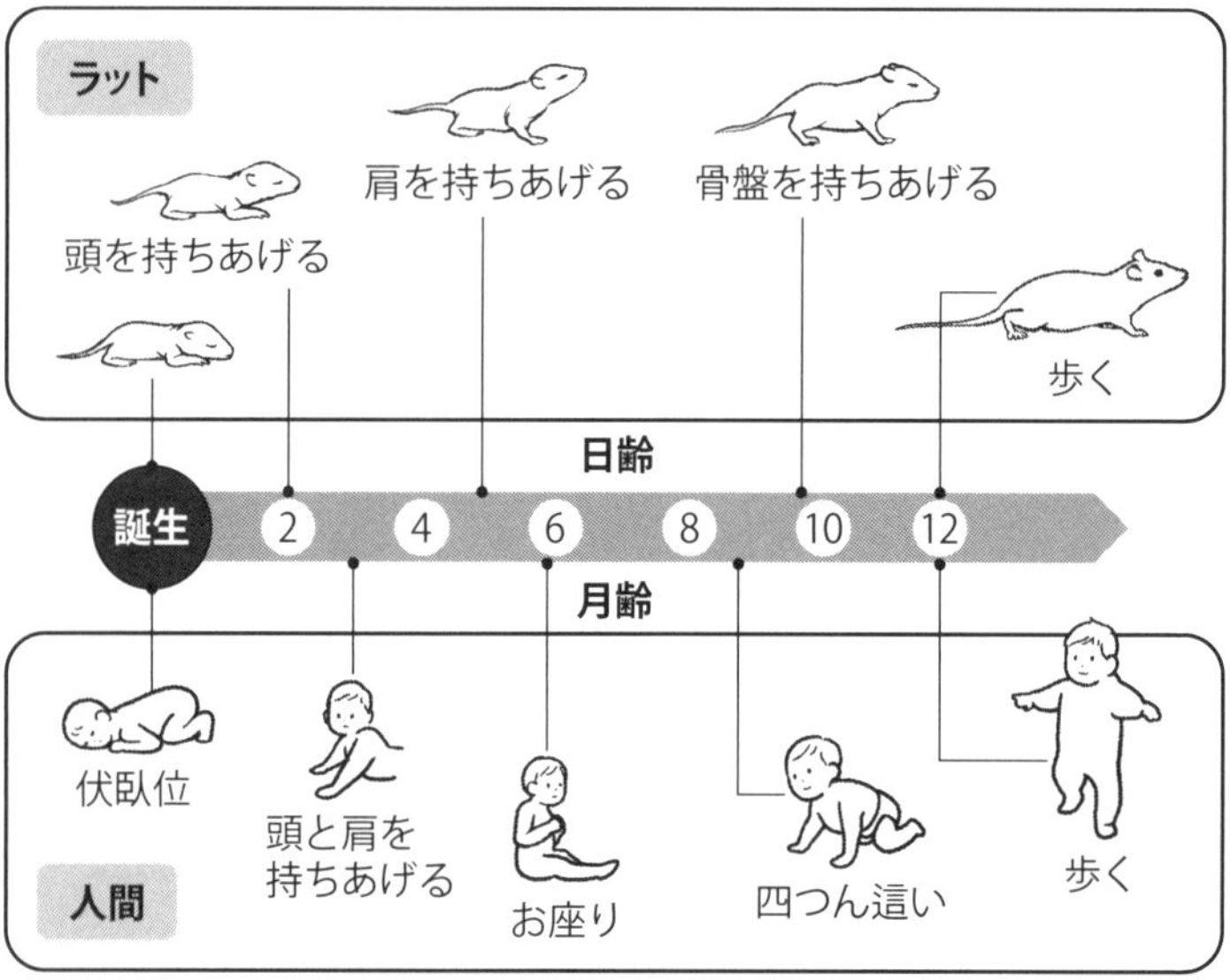

ラットの１日は人間の１ヵ月に相当する

（出典：Vinay,L et al(2005) より）

つまりラットの1日あたりの時間の経過を、人間の1ヵ月に当てはめてみると、実に似ていることがわかります（**図26**）。

セロトニンは、手や指にある精緻《せいち》な筋ではなく、体幹にある抗重力筋や姿勢保持筋に大きく作用しています。

抗重力筋は、文字通り重力に抗して働いています。人類の祖先が森林からサバンナの草地に出て直立に立ちあがり二足歩行をするようになった進化の過程を考えてみると、最も支障になったのは重力です。

二足歩行をするためには、重

図27 抗重力筋の進化

力に抗《あらが》って「立つ」姿勢を維持するための抗重力筋がしっかりしなければならなかったのです（図27）。

抗重力筋は、背筋をまっすぐに立てておくための首筋、背骨の周囲、下肢の筋肉と、目を開けておくためのまぶた、表情をつくるための顔面の筋肉等です。

また、口が開いたままにならないように閉じておくのも抗重力筋の働きです。よく電車の中で爆睡している人がいますが、そのほとんどは口をぽかんと開けているでしょう。抗重力筋が働かなくなると、姿勢を維持することができなくなり、口が開いてしまうのです。顔の表情にも抗重力筋が働いていて、笑ったときに口角を上げたり、頬を上げたりします。

眠っているときは、これらの筋肉は休んでいますが、起きているときには、これらの筋肉は常に働いています。

セロトニンはうつ病と関係がある神経伝達物質で、それが不足するとうつ病や不安の原因になります。

セロトニンは、先にあげた抗重力筋に対し、運動神経のレベルを上げる働きをしています。ですから、**セロトニンが活性化されているときには、背筋がピンとしていて、顔にもハリがある**のです。

このように、セロトニンは抗重力筋に働きかけ、強化する働きをしています。一方でそれとは逆に、抗重力筋を刺激することでセロトニンが分泌されることもわかっています。

マウスを用いた動物実験では、抗重力筋に関わる脳の部位を電気刺激すると、脳内のセロトニン神経が発火することがわかりました。ですから、**姿勢を正すことで脳内のセロトニンの発火が促され、抑うつ気分が低下して心の安定をはかることができる**わけです。

ニュージーランドの精神医学者ウィルクスたちは、軽度から中等度のうつと診断された61人を「普段通り座る群」と「背筋を伸ばす群」にランダムに分けて、その姿勢で5分間、スピーチや数を数える問題などのストレスを与える課題を課しました。

実験前は、すべての参加者は著《いちじる》しく前かがみの姿勢をしていました。しかし実験の結果、「背筋を伸ばす群」の参加者は、ポジティブな感情が高まり、より多くの単語を話すようになりました。

さらに自分のことをクヨクヨ考えることも少なくなっていました。特に**胸を開いて肩の角度を水平にすることが、不安などのマイナスの感情を低下させることに役立っている**こともわかりました。

うつ病の患者は、自分に関連する過去のネガティブな記憶を想起しやすいといわれています。実際の実験でも、前かがみの姿勢で過去の記憶を想起してもらうと、ネガティブな記憶しか思い出すことができないのですが、姿勢を伸ばして記憶を想起してもらうと、ポジティブな記憶も想起しやすくなることもわかっています。

姿勢の良し悪しは心と密接に関係していて、姿勢をよくすることで幸福感を高めることができるのです。

ガッツポーズ、バンザイでアドレナリンが分泌される

サッカーや野球などを観戦する人は増えましたね。サッカー選手がゴールを決めたとき、野球のピッチャーが三振に打ち取ったときなど、多くの勝利したシーンでは、ガッツポーズをします。なぜでしょうか。

ガッツポーズをつくるのは、アドレナリンの作用です。

アドレナリンは、臨戦態勢になったときに分泌されて、心拍数や血圧を上げて闘いに勝つため

図28　ＷＢＣで優勝した瞬間の大谷翔平

（写真：USA TODAY Sports/ロイター/アフロ）

に身体能力を高めます。また筋肉にエネルギーを送って運動能力を高めます。拳《こぶし》を握りしめて腕に力を入れてガッツポーズをつくるのも、アドレナリンや、抗重力筋に作用するセロトニンの働きです。

それではなぜバンザイのときは腕を上げるのでしょうか。確かにバンザイをするときは嬉しいときで、両腕を空高く持ちあげます。これもガッツポーズと同じくアドレナリンやセロトニンが関わっています。

そのように考えると、ガッツポーズもバンザイも、そして嬉しくて笑うといった行為も、すべてに共通していることは、抗重力筋に強い力を入れることです。

これらを比べてみると、嬉しさが絶頂に達した瞬間には、人はバンザイよりもガッツポーズをとります。また笑顔というより口を大きく開けて吠えるような顔になります。2023年、WBCで優勝した瞬間の投手、大谷選手の行動を覚えていますか（図28）。

そのような行為は、まさにアドレナリンやセロトニンも全開の状態で、抗重力筋を強く収縮させています。ガッツポーズのほうが、上腕により強い力を入れることになり、さらに笑顔よりも大きく口を開けたほうが大きな筋肉に力を入れることになるからです。

◎不快を快に書き換える⁉

九州大学大学院の佐々木恭志郎《ささききょうしろう》たちの研究グループは、実験参加者に対して、まずポジティブ、ニュートラル、ネガティブの3種類の画像を観察してもらい、さまざまな感情を喚起させせました。その後、画面の中央に黒丸が提示されて、その黒丸を即座に上か下に腕でスワイプして移動してもらいました。

こうして腕を上か下に動かしてもらったわけです。その後、先ほどの画像について、どの程度快く感じたかを評価してもらいました（図29）。

実験の結果、画像を観察した直後に腕を上に動かした人たちは、快さが高くなりましたが、逆に下に動かした人たちは、不快な気分になりました。しかもその効果は、画像を観察した「直後に」腕を動かした場合だけに限られていました。

つまりこのことは、**人の感情というのは、直後の動作によって修正される**ことを示しています。

図29　直後の動作によって感情が変わる

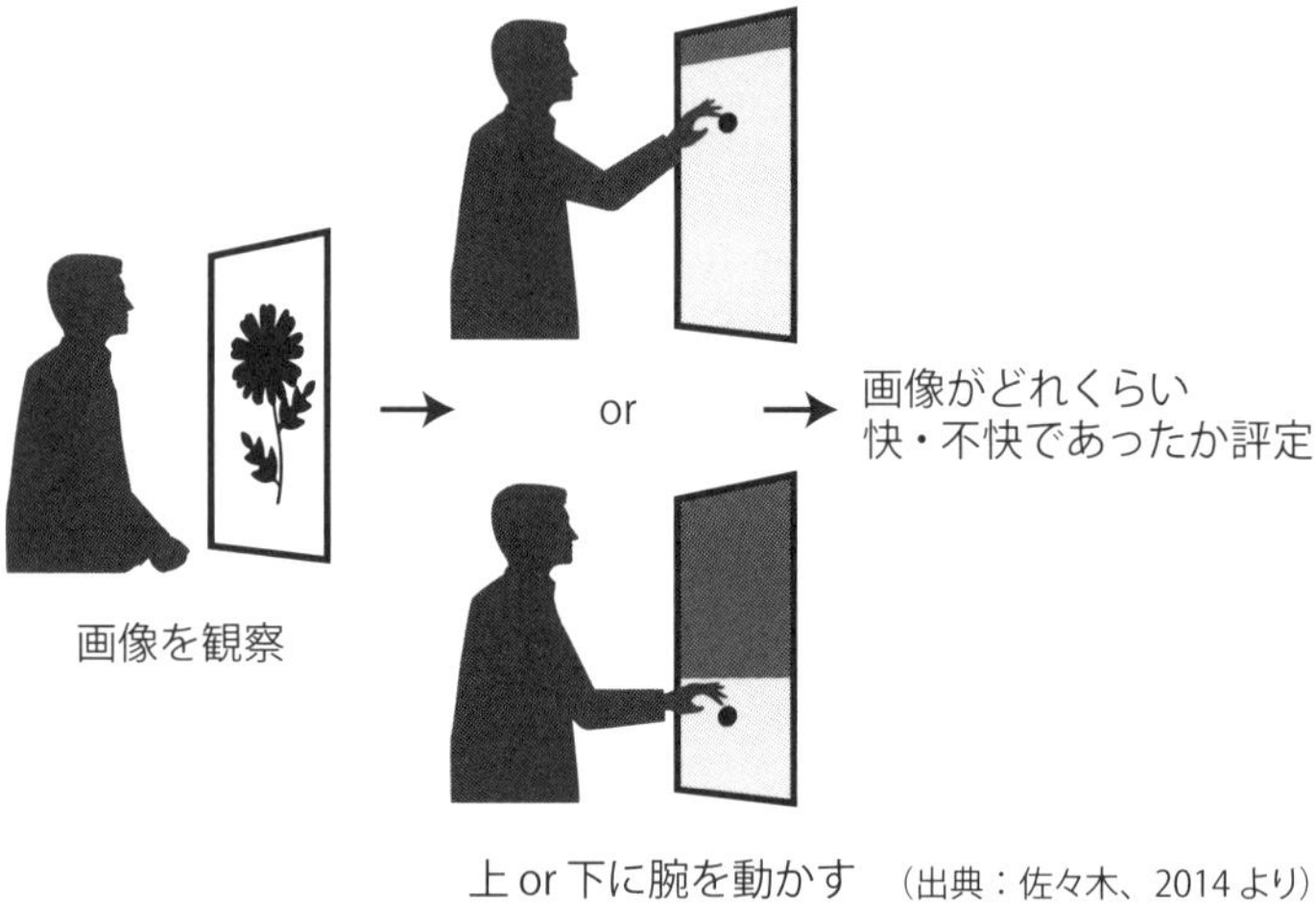

これはつまり、視覚（見ること）によって感情を感じた「直後に」腕を上に動かして抗重力筋を動かした結果、セロトニンが増えてポジティブな感情が感じられたのだと思います。

このことを応用すれば、たとえばストレスの体験や嫌なことがあったとき、それを見聞きした直後に笑顔をつくったり、腕を持ちあげたりする動作をすると、ストレスによる不快感が軽減されたり、快適な気持ちに置き換えたりすることができるのかもしれません。

◎日々セロトニンを増やす方法

では、どうしたらセロトニンは増えるのでしょうか？

セロトニンは規則正しい生活をしたり、光を浴びたり、ダンスやジョギングなどのリズム運動をすることにより増加します。

＊リズム運動

普段私たちが行っている基本的な行動である、**歩行、呼吸、咀嚼《そしゃく》などのリズム運動（筋肉の収縮と弛緩を周期的に繰り返す運動）をすると、セロトニンが増えます。**

脳幹にはリズムをつくるシステムが存在しており、そこを介して行われる運動であれば、運動の種類を問いません。最も簡単に取り組むことができて、継続できるのは、歩行、呼吸、咀嚼などのリズム運動です。

たとえば、ウォーキングなどの運動は、毎日継続することが大切です。毎日が無理でも1日おきにでも、**長期にわたり継続することが大切**です。継続する期間は数週間から数ヵ月は続けましょう。セロトニンを分泌する神経が鍛えられるまで、3ヵ月の期間が必要だという研究結果もあります。途中で中断してしまったらセロトニン分泌ニューロンはもとの状態に戻ってしまうのです。

また**1日に1回でも十分で、何回も繰り返す必要はありません。時間は10分以上30分まで**にしましょう。短すぎては効果がないし、長すぎると疲労してしまうので逆効果になります。

頑張って過剰な運動をすると、筋肉の中に疲労物質である乳酸が溜まってしまいます。これは、セロトニンの分泌を抑制してしまいます。

まず、リズム運動として歩行を見直しましょう。のろのろと歩いていてはメリハリがなく、リズム運動にはなりません。少し息があがるくらいの早足で、肘を曲げないで肩関節を意識して両腕を大きく振って一歩ずつ大きく踏み出して歩きましょう。

スピードの目安は1分間で60〜70メートルほどの早歩きです。年齢や季節にもよりますが、20分くらい継続するのがよいでしょう。心地よい汗を流す程度がよいのです。その他、リズム運動の例として、上り坂や階段の昇降、ジョギング、スイミング、サイクリング、エアロビクスエクササイズ、太鼓たたき、ジャズやヒップホップなどのアップテンポなダンスなどが有効です。

＊呼吸法

乳児が乳を吸う吸啜《きゅうてつ》運動、四肢《しし》を使って床を移動するハイハイ運動、不快感や空腹など親に伝えるために「泣く」こともリズム運動です。乳幼児が適切な時間と適切な声で泣くことは、呼吸のリズム運動の変形と考えられていて、セロトニン分泌を活性化しています。

赤ちゃんはこのように「泣く」ことで、不安やストレスを自ら小さくしようとしているのです。

呼吸は、普段はほぼ無意識で行っていますが、1日10分程度でもいいので、意識した呼吸をしてみましょう。

難しいことは必要ありません。ゆっくりとした深い呼吸で、気持ちを落ち着けるつもりで行うことで、一層効果が上がります。

▼深呼吸法（ディープ・ブリージング）：ゆっくりと深く呼吸することは、抗ストレスホルモンのコルチゾールを減少させ、セロトニンの分泌を促します。

①座った状態あるいは仰向けに寝てリラックスした状態で、ゆっくりと鼻から息を吸います
②息を鼻から吸うと同時に、腹部が膨らむように意識的に呼吸を深くし、胸をあまり動かさないようにします
③ゆっくりと腹部を凹ませながら口から息を吐き出していきます。吐く息を長くすることがポイントです。息を吐き切ったあとに緩《ゆる》めると、自然に息が入ってきます
④これを数分間続けて行います

＊食事

セロトニンを合成するための材料であるトリプトファンは、必須アミノ酸の一種で人間の体内では合成できません。そのため、食物として摂取する必要があるのです。

脳内のセロトニンの90％は腸でつくられたトリプトファンから合成されてできるといわれています。そのため、**トリプトファンが豊富な食品であるバナナ、乳製品、豆腐や納豆の豆製品、卵、**

ゴマをとるとよいでしょう。

そして**必ず朝食をとりましょう**。寝ている状態から起きて覚醒するためには、朝日を浴びたり、朝食をとって身体を目覚めさせる必要があるからです。

また咀嚼も大事な要素です。ながら食いやダラダラと咀嚼することはメリハリに欠け、リズム運動とはいえません。

しっかりと噛むことを意識しましょう。**食べ物を口に入れて飲みこむまで20回以上噛む**ことがよいとされています。

また、食材は大きめに切り、根菜などの歯応えのあるものを取り入れることでよく噛むことを促すようにしましょう。

雑炊や麺類など、柔らかくあまり咀嚼を必要としないものを食べた後は、咀嚼を補うためにガムを噛むのがおすすめです。

＊日光浴

天気のよい日は気分もよくなりますね。それは日光浴がセロトニンの分泌を高めているからです。

ただし残念ながら電灯のような弱い光ではほとんど効果はありません。

2000〜3000ルクス（明るい室内程度）ほどの光であれば、短時間でもセロトニン神経を活性化させることが、動物実験で明らかにされています。

北欧など夏でも日照が少ない地域では、精神症患者の数が多く、その治療として人工照明室での日光浴が有効で、治療効果を上げています。

セロトニンは、睡眠中は分泌されず、**朝日を浴びることで分泌が始まります**。この性質を最大限利用するためには、就寝中は真っ暗い部屋で寝て、朝、太陽がのぼったら太陽光を浴びるようにするとよいでしょう。

太陽光を浴びるためには、寝室には窓を設けて朝日が射すように工夫しましょう。そして就寝時はカーテンを閉めて真っ暗にすることで、身体にはっきりとした概日《がいじつ》周期をつけることが大切です。

◎セロトニンが不足するとキレやすくなる

セロトニンが不足した場合、精神的に不安定になり、気分が滅入ってきます。またストレスによってイライラ感や攻撃性が高まり、いわゆるキレやすくなります。堪忍袋《かんにんぶくろ》の緒が切れる、緊張の糸が切れるなど、感情をコントロールできずに怒りを爆発させ、常軌を逸した行動をとってしまうこともあります。

すでに述べたように、セロトニンは不安や緊張、怒りなどを抑制しています。つまり、セロトニンの働きが減少すると感情を抑制する力が弱まることから、キレやすくなるのです。

リハビリテーションの小西正良《こにしまさよし》によると、近年、人のセロトニン分泌量が減少したそうですが、その原因は生活習慣にあるそうです。

かつてのような重労働から解放され、肉体的負担の少ない生活環境が整ったこと、夜ふかしや昼夜逆転などの生活スタイルに変化したことなどです。

◯セロトニンと他の幸せホルモンの関係

セロトニンとドーパミンは、シーソーの関係にあります。

ドーパミンが多い人は、セロトニンが少なくなっています（図30）。ですから、たとえば衝動性が高くてキレやすい人は、ドーパミンが多くセロトニンが少ない状態です。また暴力的な人や自殺願望がある人も、同じ傾向があります。

セロトニンはそのような脳内の報酬経路の暴走を抑制してくれるので、心の安定がもたらされるのです。

また、ノルアドレナリンの作用も抑えてくれます。ノルアドレナリンはさまざまなストレスによって副腎髄質でつくられますが、脳でも合成され、覚醒水準や注意力を調整したり、不安な気

図30　セロトニンはドーパミンとノルアドレナリンを制御する

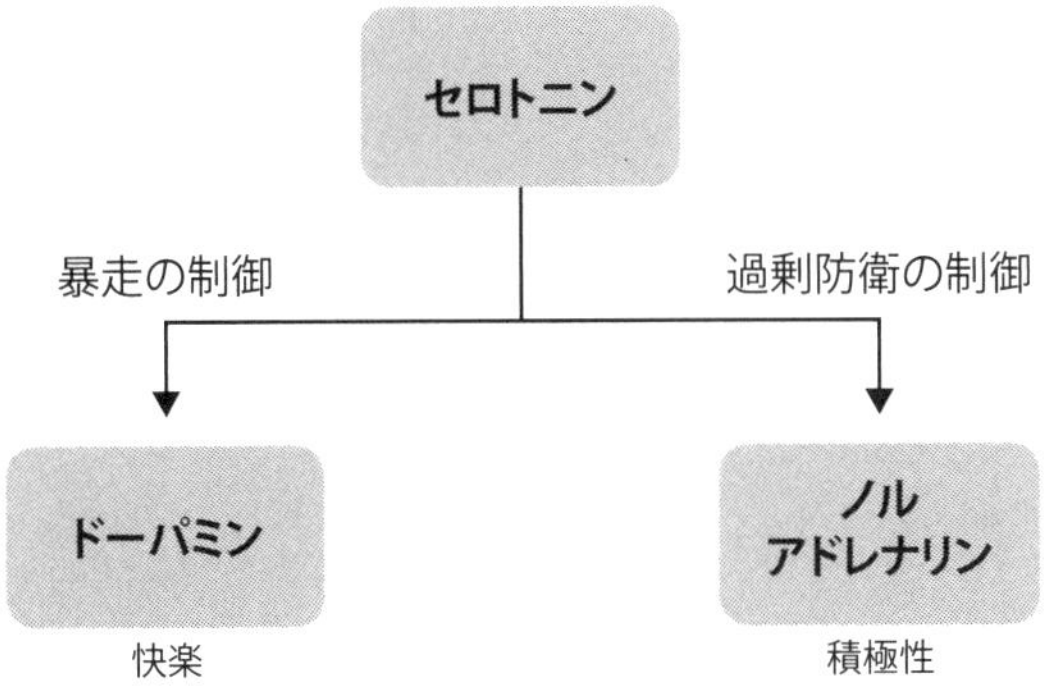

持ちを生み出したりします。

ストレスによってノルアドレナリンが暴走すると、不安や恐怖が高まり、取り乱す状態になりパニック障害や不安症などを発症すると考えられています。

これらの症状は、自己を過剰に防衛する心をコントロールできずに突然パニック発作を起こしてしまうのです。

セロトニンはノルアドレナリンを抑制するので、このような症状を抑えてくれるのです。

第5章

エンドルフィンが痛みや苦痛をやわらげる

◎身体の緊急事態に対処して進化

エンドルフィンの幸福というのは、大学に合格したときの喜びとか、長年の仕事の成果が上司に認められたりしたときの幸福感です。

もともとエンドルフィンは痛みや苦痛といった身体の緊急事態に対処して、それをやわらげるために進化した物質です。**身体が痛みを感じると、身体は緊急事態とみなしてエンドルフィンを分泌**します。

よく使われる例として、フルマラソンの走者が、ゴールまでの途中で、何度か苦しみに耐えながら、いつ走るのをやめようか葛藤を繰り返します。しかしゴールする瞬間の達成感を味わうために、苦しさに耐えながら走り続けるでしょう。

このとき、脳内で分泌されるのが、ドーパミンとエンドルフィンです。ドーパミンが目的の達成のために、苦しくてもそれを乗り越えようという意欲を高めてくれる一方で、エンドルフィンが苦痛をやわらげてくれるのです。

エンドルフィンは心理的には、ぼーっとした多幸感をもたらしますが、長続きはしません。もしもエンドルフィンの多幸感が長く続いたとしたらどうでしょうか。確かにぼーっとした幸せな気持ちがずっと続きますが、それでは私たちは最良の決断を下すことはできません。

身体にとって痛みは「危険な事態が生じている」という警告信号としての意味がありますから、危険に対処するための最良の決断を下すには、痛みを感じる必要があるのです。

そしてエンドルフィンは、痛みを抑えて生き残る確率を高めてくれます。

たとえば狩猟採集の時代、狩りをしているときに脚を骨折したとしましょう。このとき、激痛がずーっと続けば、そこから一歩も動くこともできず、餓死してしまったり、他の肉食動物の餌食になってしまったりすることでしょう。そうではなく、痛みをできるだけ抑えて短時間で終わらせてくれたら、その場からどうにか動くことができ、近くの集落まで歩いて行ってそこで助けてもらうこともできるかもしれません。

また野生動物の世界は弱肉強食の世界です。たとえばアフリカのサバンナで、チーターがシマウマを襲うシーンを見たことがあるでしょう。シマウマは首に噛みつかれて苦しそうにもがきます。

このときのシマウマの脳内では、エンドルフィンが最大限に分泌されています。そのお陰でシマウマは痛みをあまり感じることもなく、もがいて逃げられるかもしれません。あるいはそこでチーターの餌食になったとしても、最期はエンドルフィンのお陰でボーッと意識が遠のいていって、痛みや苦痛は最小限にしか感じずにすむのです。

◎対人関係に深く関わるエンドルフィン

図31は、著者が大学生300人に行った調査結果です。「あなたが何か目標を達成したりして気持ちよさを感じるのはどんなときですか？」という質問で、エンドルフィンが分泌される代表的な場面について回答してもらいました。

最も多くあげられた場面は、①「自分」が「目標」を「達成」した「瞬間」であることがわかります。そしてそれは「難しい」「ゲーム」や「勉強」を達成したときや、「課題」が「終わる」ときや、「バイト」で「給料」が「出る」ときも、そのような達成感が得られることがわかります。さらに、「大会」で「良い」「成績」や「結果」が「出る」とか、「テスト」や「試合」で「合格」するのを「見る」ときだとわかります。

また②対人関係では、「人」に「褒《ほ》める（褒められる）」「評価」されたとき、「周り」に「評価」されたときでした。

ここからわかるのは、自分が頑張って何かを達成したときにエンドルフィンの幸せを感じるだけでなく「人」に褒められたり、認められたりしたときにもエンドルフィンのご褒美《ほうび》は増えるといえるでしょう。

このようにエンドルフィンは、対人関係にも深く関わっているのですが、そのことは見逃されてきたように思います。そこで本書では、特に対人関係にも着目して紹介していこうと思います。

図31 エンドルフィンの幸せを感じるとき

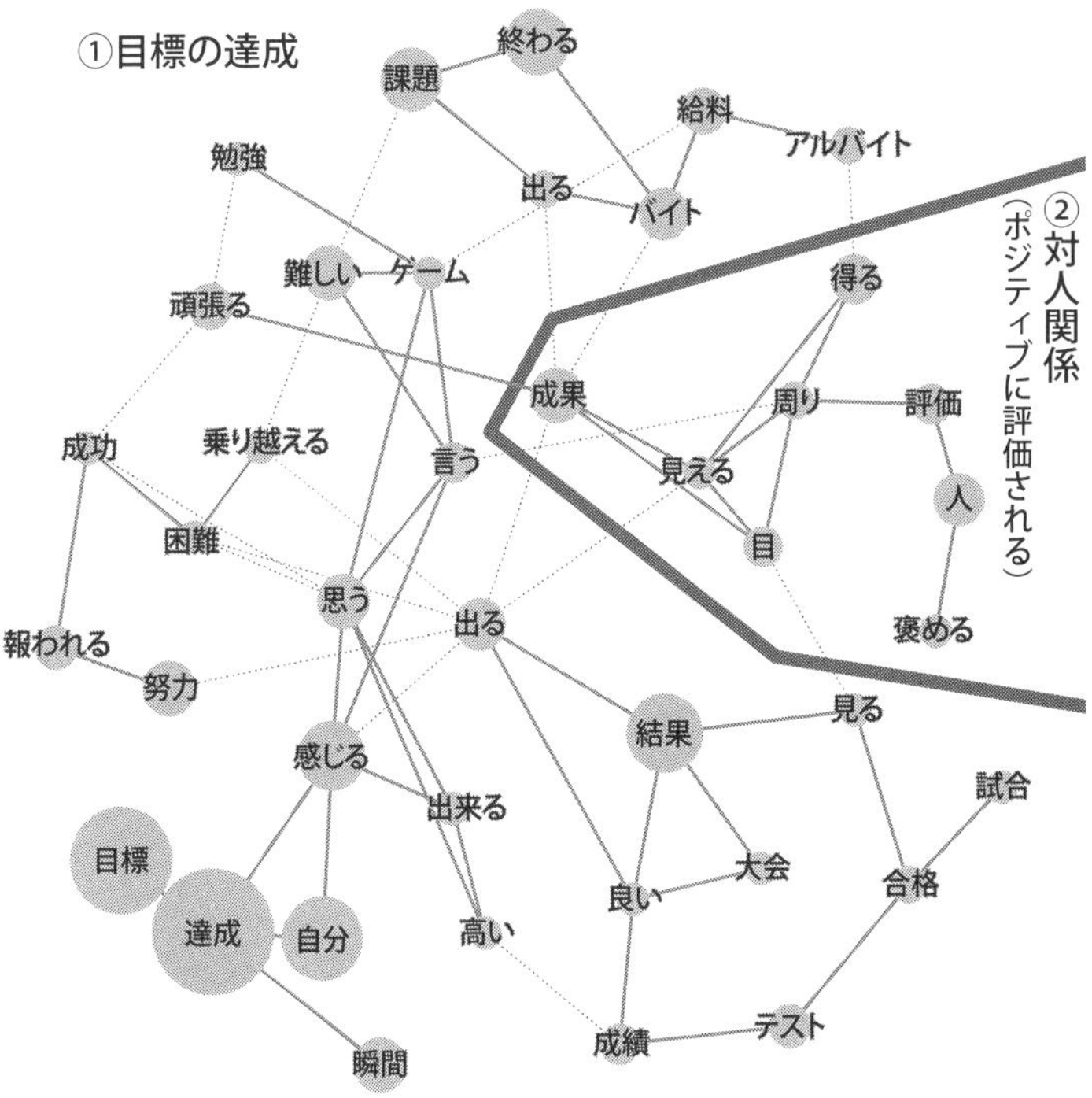

丸の大きさは出現頻度。大きい丸ほど多くの人が書いた言葉。
線はそれぞれの言葉のつながり。線が太いほどつながりが強い。

（出典：山口創研究室）

◎モルヒネの6・5倍の鎮痛効果

エンドルフィンの意味は、「体内で分泌されるモルヒネ」というものです。実際、鎮痛剤としては、モルヒネの6・5倍の鎮痛効果があります。

エンドルフィンにはアルファ（α）・ベータ（β）・ガンマ（γ）の3種類がありますが、その中で苦痛を取り除くときにβ－エンドルフィンが最も多く分泌されます。そのため本書ではβ－エンドルフィンについて述べますが、単にエンドルフィンと書くことにします。

エンドルフィンは、脳の視床下部《ししょうかぶ》と下垂体《かすいたい》（前葉と中葉）から分泌されるホルモンです。視床下部の弓状核には、エンドルフィンをつくる細胞があり、下垂体、扁桃体《へんとうたい》、腹側被蓋野《ふくそくひがいや》、中脳水道周囲灰白質、脳幹などさまざまな領域と連絡しています。

エンドルフィンが脳内モルヒネとか、脳内麻薬と呼ばれるのは、エンドルフィンの化学構造がモルヒネの一部と似ているため、同じ受容体に受容されるからです。

エンドルフィンは、中枢神経系では神経伝達物質として働きますが、それだけでなく下垂体から循環器系に分泌されるホルモンとしての作用もあります。

ホルモンとしての作用は、副交感神経と関連しており、その機能は脈拍が遅くなる、筋肉が弛緩する、血管が拡張する、血圧が下がるなど、全身に作用してリラックス効果をもたらします。

また**快感や多幸感をもたらし、鎮痛効果、麻酔効果、心理的には不安や緊張をやわらげて快感**

を生む効果があります。さらに**免疫力を高めて老化を防ぐ働き**もあります。

エンドルフィンは最終的に、コルチゾールやアドレナリンといった抗ストレスホルモンの値を下げてくれます。

エンドルフィンは、相反するように見える多くの状況で放出されます。食欲、性的反応、記憶、それぞれを抑制することもあれば、刺激することもあります。それは、それぞれの状況に応じて最適な状態に戻す、ホメオスタシス（恒常性）の効果を持っているからです。

◎心理的苦痛も緩和

エンドルフィンの作用は、当初考えられていたよりもはるかに複雑です。研究によると、人間の行動への影響は調節的であり、その主な目標は「幸福」ではなく「最も望ましい状態への復帰」です。

たとえば喜びの感情というのは、私たちが嬉しい経験をした記憶を焼きつけ、それを後々何度も思い出させることで、私たちが苦痛を感じても、前進するのを後押ししてくれるためにあるのです。

エンドルフィンは**社会的安心感をもたらす効果がある**ことが生理学者のパンクセップによって、最初に発見されました。

モルモットにモルヒネを与えると、母親から隔離されても孤独や苦痛を感じなくなり、その結果鳴くことが少なくなりました。このことからエンドルフィンは、身体的な苦痛ばかりではなく、心理的な苦痛も緩和してくれることがわかります。

ヒヨコの研究もあります。普通のヒヨコは人の手をお椀の形にして手の中に包むと、30〜40秒以内に目を閉じ、あたかも「模擬的な巣」の中にいるかのようにおとなしくなります。そこでヒヨコにモルヒネを注射するとそのような反応が、10秒ほど早まりましたが、エンドルフィンを妨害するナロキソンを与えると、その反応は約100秒も遅くなったのです。

人間の研究でも、いじめに遭ったり、仲間から阻害されたり孤独感を感じたときのような精神的な苦痛に対しても、エンドルフィンが分泌されて、そのような苦痛を緩和してくれます。

そしてもう1つは、人と人とを結びつける絆《きずな》を築く際にも大事な役割を持っています。そのためエンドルフィンが欠乏すると、自閉症、依存症、離人症などの行動障害や、うつ病や慢性的な痛みにつながる可能性があります。

ですから逆にエンドルフィンを合成できない病気であるエンドルフィン欠乏症（ＥＤＳ）は、躁うつ病や双極性障害や、痛みを引き起こすことがあります。またうつ病や心的外傷後ストレス障害では、エンドルフィンのレベルが低いことがわかっています。

エンドルフィンが人と人を結びつけるのは、特に楽しい活動をするときです。はるか昔から、人と人とを結びつけるための行動の多くは、楽しい活動（笑い、歌、踊り）を伴います。それはエンドルフィンの分泌が必要だからだと、多くの人が知っていたからでしょう。

著者はたとえば大学の新入生の初めての授業のときに、アイスブレイク（初対面の人が出会うとき、緊張をほぐす手法）のワークをやるようにしています。それをやらないと、いつまでも教室の空気が凍ったように冷たく、学生の反応がなくなってしまうからです。

アイスブレイクの数あるワークの中で、特に動きのあるワークが効果があります。2人ペアで、動物にたとえて自己紹介をする、などのワークは、ペアで行うと盛りあがってすぐに仲よくなれます。

また飲み会などは、居酒屋のように決まった座席に座って、運ばれてきた料理を食べるよりも、立食パーティのように、自由に動けるほうが仲よくなりやすいし、さらにいえば、バーベキューのように、自分たちで火をおこして、調理をして、食べるというように、動きながら苦労して皆で共通する目標を達成したほうが、さらに仲よくなれるのです。

同調する身体

私たちは、気の合った友だちや恋人と一緒にいるとき、いつの間にか身体の動きが同調しています。身体の同調はエンドルフィンが分泌されることで強まることがわかっています。つまり、自分と同じ動きをしている相手と一緒にいるのは、心地よいのです。なぜでしょうか?

私たちは赤ちゃんのとき、無意識のうちに親と同じ表情をして、また逆に親は子どもの表情や声、しぐさの真似《まね》をすることがよくあります。こうして子どもは親が自分と同じ動作をしたり、同じ声を出すのを見ると、共感してもらったと感じて、嬉しくて親に親近感を持つようになります。

さらに身体の同調は、目に見える行動レベルだけでの話ではありません。親と子は、手を伸ばせば相手にふれたり、操作したりできると脳が感じる領域である「ペリパーソナルスペース」にいるとき、心拍や呼吸などの自律神経や、さらにはオキシトシンやコルチゾールといったホルモンまで同調してくるのです。

だからこそ赤ちゃんが不快な気持ちで泣いたとすると、目の前にいる親も内臓レベルで同調して不快に感じてしまうのです。しかし親は、単に不快な状態が同調しているだけではありません。赤ちゃんを泣きやませようとして、抱っこして揺さぶったり、優しく声をかけたり、わらべ歌を歌ったりするでしょう。

こうして優しくされることで赤ちゃんの脳ではエンドルフィンが分泌されて、泣きやむことができるのです。これが愛着の生物学的な基礎なのです。

このように私たちの身体は、同調する他者の身体から共感や愛を感じとって、心地よく感じるようにできています。ではなぜ、相手と身体的に同調することが、信頼関係や好意を高めることにつながるのでしょうか?

この点を検討したアメリカの進化生物学者のラングたちの研究によると、**エンドルフィンは相手の身体と同調すると分泌され、相手に対する好意や信頼感を高める効果を持っている**ことがわかりました。それは自分と似た動作や行動をする人というのは、要するに自分と似ている人だと感じるからです。心理学でも自分と似ている人と一緒にいることは居心地がよく、好意を持ちやすいことがわかっています。

性格が似ていれば、一緒にいても自分のペースを乱されることもないでしょう。価値観が似ていれば、言い争いも少ないでしょう。行動パターンが似ていれば、朝起きる時間や寝る時間も似ていることになり、お互い生活もしやすくなります。

つまり身体的に同調しやすい人は似ている人であり、そのような人と一緒にいることが心地よく信頼できると感じるように進化してきたのでしょう。

エンドルフィンを増やす効果的な方法

ここで、エンドルフィンを増やす行動について紹介していきましょう。

＊歌う

動物園のサル山などでも、多くのサルがグルーミングをしているのを見たことがあるでしょう。

人間以外の霊長類では、グルーミングをずっとしています。グルーミングをすることで社会的な結びつきを築いたり、維持することができるのです。

研究によるとグルーミングは、脳内のエンドルフィンの放出を促し、互いの親密な関係を築きます。しかし、1日の中で他にもやらなければならない重要な活動（たとえば摂食など）があることを考えると、グルーミングに多くの時間を割くことができず、またグルーミングできる個体の数も限定されてしまいます。

人間は他の霊長類よりもはるかに大きなグループで生活しているため、有限の時間の中でより多くの関係を維持するには、同時に複数の個体との絆を維持するメカニズムが必要です。

英国の人類学者ダンバーは、人類は同時に多くの人をグルーミングする手段として、声でコミュニケーションをするようになり、それが音楽に発展したのだと主張しました。

他者と一緒に歌を歌ったり、楽器を演奏したりする音楽は、他者と身体を同調させて活動します。こうした活動は、エンドルフィンの分泌を促します。音楽活動は、複数の人を同時に「グルーミング」し、そしてエンドルフィンの放出を経験するための行動なので、より大きなグループを維持することができるのです。

このような**身体の同調は、見知らぬ人同士でも仲よしの人同士でも、同じく親密な関係性を強めてくれる効果がある**ようです。

実際、幼稚園から小学校、中学校、高校、大学までたいていは園歌や校歌を皆で歌うでしょう。会社に入っても社歌がある会社も少なくありません。特に新入生として入学したときに歌うことが多いのは、初対面の人同士がすぐに仲よくなって、一致団結する効果を期待しているのかもしれません。

また、たとえばキリスト教では教会で聖歌を皆で歌う伝統がありますが、それもそのような効果も狙っているように思います。

人間は、霊長類の祖先と比べて、次第に大きなグループで社会的絆を築き、維持する必要性が出てきました。そこでその問題を解決するために、歌や踊りなどの身体を通した音楽活動を発明したのです。

研究によると、20人から80人の小規模のグループでも、200人以上の大規模なグループでも、合唱によって、どちらも同じようにエンドルフィンが分泌されて絆が強まる効果があったのです。人間は他の霊長類よりも大きな集団で活動を行うように進化したため、そのまとまりを維持するために音楽は大切な役割を担《にな》っているのです。

＊踊る

古代からほとんどの文化では、音楽と同時に踊りを楽しむ風習を持っていました。日本でも夏祭りの盆踊りやお囃子《はやし》などのように、皆が動きを同調させながら身体を動かして踊る伝統は各地にあります。

このように伝統的な踊りは、個人個人が好き勝手な動きで踊るのではなく、皆が動きを同調させながら踊るのが特徴です。こうした同調した動きはエンドルフィンを増やし、踊る人同士の絆を強め、その後の生活を互いに協力的にし、向社会的行動を促進する機能を果たしています。

こうして伝統を重視した地域社会では、音楽や踊りによって人々の絆を強め共同体としての帰属意識を強めることが必要だったのだと思います。

実際の実験では、ボート漕ぎやグループでの音楽演奏などの、身体を同調させた活動をした後に、エンドルフィンが分泌されることがわかっています。

踊りは元々は個人競技でもなければ、外から見て評価する活動でもありません。キャンプファイアーを囲んで踊るような、結束を固めて生きていこうとする集団の知恵なのです。

＊笑う

大笑いした後に、涙が出てぼーっとした幸福感を感じたことはありませんか？　あるいは嫌なことがあっても、家に帰ってお笑い番組を観て笑っているうちに、どうでもいい気分になってくるという経験があるかもしれません。

著者の最近の経験では、父親が末期がんのためホスピスに入院していたときのことです。身体は骨と皮ばかりにやせ細り、表情もどんよりして、しゃべる言葉も聞きとれなくなっていました。

そんな状態が1週間ほど続いて、家族もいつお迎えが来るか暗澹《あんたん》たる気持ちで過ごしていました。

そんなある日、普段あまり会うこともない義兄がお見舞いに訪れました。そのとき、父親は満面の笑みを見せてくれたのです。その笑顔を見たとき、家族はあまりの嬉しさに思わず笑顔になり、その場の空気が一変したのでした。

結局、笑顔を見せてくれたのはその1回のわずか一瞬の出来事だったのですが、それだけでそれまでの気持ちの落ちこみや苦しさが雲散霧消した思いでした。笑顔はそれほど人の心を惹《ひ》きつけるのです。

同じことは、赤ちゃんの笑顔にもいえます。多くの母親は、育児で毎日へとへとに疲れ切っています。そんなとき、赤ちゃんが一瞬でも笑顔を見せてくれたり笑い声を発すると、それだけで疲れが吹き飛ぶでしょう。

笑うという行為は、霊長類のグルーミングと同じように、エンドルフィンを増加させます。それゆえ、笑いは「距離を置いたグルーミング」の一形態と考えられています。

英国の人類学者ダンバーたちの研究によると、**図32A**のグラフのように、同じコメディを観ても、1人で観るよりも4人グループで観るほうが、笑いが20％も起きやすいことがわかります（図32の中の●は女性、○は男性）。

また**B**のグラフのように、1人でコメディを観て笑うよりも、4人グループで観て笑うほうが、

図32　ロビン・ダンバーらによる笑いの研究

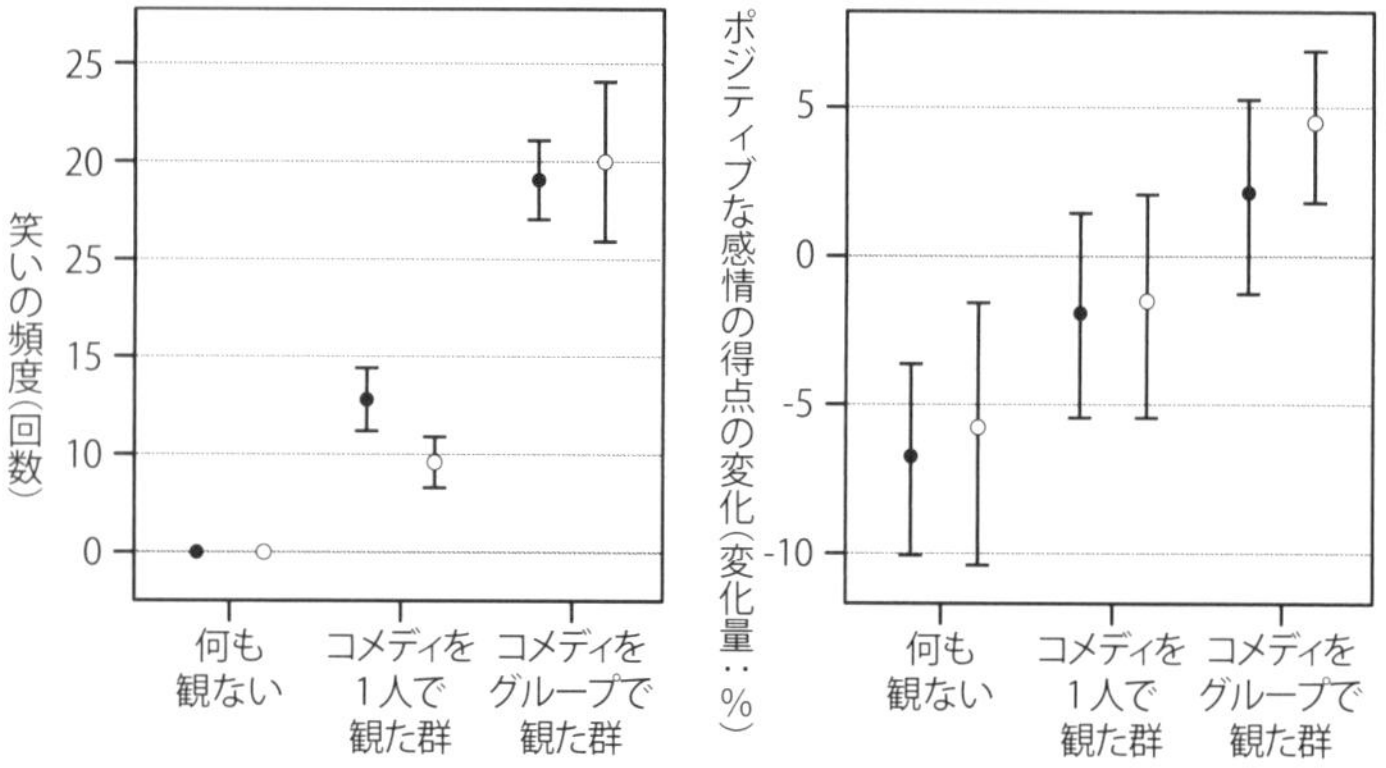

図A：コメディをグループで観ると笑いは25%増える

図B：コメディをグループで観るとポジティブな気持ちが増える

（出典：Dunbar,R.I.M.,2022より）

ポジティブな感情が強まることもわかりました。それはエンドルフィンの影響です。

このように笑いというのは、個人的な行為というよりも、集団的な行為であって、やはり**集団を1つにまとめる力がある**ことがわかります。

笑いには健康効果もあります。

1989年にリー・S・バークは、**笑うとエンドルフィンが分泌されて、それが免疫活性を高める**ことを初めて明らかにしました。免疫は人間に備わった生まれつきの防御機構で、感染に対する抵抗力です。

彼はNK（ナチュラルキラー）細胞の活性だけでなく、コルチゾールなどの抗ストレスホルモンも、笑いによって適正化されることを明らかにしたのです。

笑いによる同様の効果は、わが国においても実証されてきました。１９９１年、医師の伊丹仁《いたみじん》朗《ろう》は、がんの患者に漫才などを観賞させたところ、ＮＫ細胞の活性が上昇すると報告しました。

同じように、アレルギー研究者である木俣肇《きまたはじめ》は、笑いとアトピー性皮膚炎の関係を調査しました。その結果、たくさん笑った人は症状が改善し、笑うことでＮＫ細胞の活性が上昇すると報告しました。

さらに木俣肇は、授乳期間中のアトピー性皮膚炎の母親たちにコメディ映画を観せて、その前後の母乳中のメラトニンの濃度を測定しました。のちほど１８４ページで紹介するように、メラトニンはセロトニンからつくられ、睡眠や覚醒のサイクルを調節しているホルモンです。特にアトピー性皮膚炎の患者ではメラトニンのバランスが崩れるのです。

さて実験の結果、コメディを観てよく笑った母親は、母乳中のメラトニン量が増えており、さらに興味深いことに、よく笑ってメラトニンが増えた母親の母乳を飲んだ乳児のアレルギー反応は弱まったのです。

笑うことは、エンドルフィンと同時にセロトニンの分泌も促すため、それが母乳を通じて赤ちゃんの体内に入って、自律神経のバランスの回復を促してアトピー性皮膚炎に効いたのでしょう。

ちなみに面白い漫画を読んだときやジョークで笑ったときには、報酬に関わる脳の領域が活性化されて、ドーパミンも増やしてくれます。その結果、注意の幅を広げてくれて、探究心、創造性、柔軟性が生まれるのです。

笑うことによる快感はエンドルフィンと関わっていますが、ドーパミンはもっと笑いたいといった行動的な側面と関わっています。

がん患者や外科手術を受けた患者を対象とした研究によると、ユーモアがストレスから回復する力であるレジリエンスを高めることがわかりました。

そこで思い出すのが、フランクルの『夜と霧』です。第二次世界大戦中、ナチスにより強制収容所に送られた精神医学者のフランクルは、奇跡的に生き延び、のちにそこでの過酷な体験を医者の目から冷徹に分析しました。そして収容所の中でも自分を見失わずに人間らしく生きるために、ユーモアの大切さについて次のように述べています。

フランクルはユーモアが「自分を見失わないための魂の武器」と考えました。

「ユーモアとは、知られているように、ほんの数秒間でも、周囲から距離をとり、状況に打ちひしがれないために、人間という存在にそなわっているなにかなのだ」

彼は仲間に、「毎日、義務として最低ひとつは笑い話を作ろう」と提案し、お互いに自作を披露し合ったのです。

まさに**極限の状況に置かれても、笑いは心の回復力であるレジリエンスを高めてくれる**のです。

さらに笑いには、エンドルフィンの効果で自意識を弱める作用があることもわかってきました。ダンバーらの実験では、4人1組のグループに「コメディ」あるいは「風景」の動画を観せました。各々の動画を観た後、各参加者は同じグループの誰かを指名し、自分のことをよく知ってもらうための自己紹介文を書くようにいわれました。そしてその後、その自己紹介文を、「どれだけ自分のことを飾らずに描写しているか」という基準で採点しました。

たとえば「1月にポールダンスをしていて落っこちて鎖骨を折ってしまいました」「私の好きな映画の半分は（恥ずかしいことに）ディズニー映画です」といった、正直に自分を開示している文章は得点が高くなりますが、「私は大学1年生です」などの抽象的な文章は得点が低くなります。

その結果、コメディ動画を観て一緒に笑ったグループは、自分をさらけ出すような親密な表現を多く用いることがわかりました。その理由は、エンドルフィンがもたらす効果にあるようです。**エンドルフィンはコミュニケーションをリラックスしたものにしてくれます**。その結果、自分を相手によく見せようという自意識が弱まるのです。ただし、あまり笑わずに、単に快適な気持ちになった人は、こうした効果はありませんでした。

そのことから、「一緒に笑う」、すなわち身体を同調させることが、ありのままの自分をさらけ出すことへの不安がやわらぎ、安心したコミュニケーションが促されるのです。

＊泣く

日本語には「泣く」という行為は1つの言葉しかありませんが、英語では〝cry〟と〝weep〟の2種類があります。前者は赤ちゃんが痛みや不快感で泣くような場合ですが、後者は大人が悲しみやストレスで「むせび泣く（嗚《お》咽《えつ》）」といった意味で使い分けています。

特に「むせび泣く」場合は、その人は他人に悲しみの信号を送っているわけではありません。むしろ自分自身のストレスをやわらげるために泣くのです。

世界中の人を対象とした米国のローレンらの研究では、泣いたときのエピソードについて答えてもらいました。すると約3割の人はストレスが発散されたり、すっきりしたといったエピソードのように、肯定的な影響について答えていました。

では、涙を流すことはどうでしょう。

たとえば優しく肌にふれてマッサージされると、気分がよくなりますね。これは、軽い皮膚接触によってエンドルフィンが分泌されるためです。それと同じように、**涙が頬を流れ落ちる皮膚の感覚は、マッサージを受けているのと同じ効果があり、エンドルフィンの放出を促進している可能性がある**こともわかっています。

そのことから米国のタッチケアの研究者フィールドは、「**涙はセルフハグ**」だと呼んでいます。

また人工的につくったエンドルフィンを体内に入れると、脳ではそれ以上のエンドルフィンがつくられなくなるため、涙が出なくなるのです。

生理学の研究では、泣くことは心の浄化作用があるそうです。ストレスがあったときに泣くことで、心と身体の緊張が解放されて立ち直ることができるというわけです。

涙を流すことでセロトニンも増えます。涙を流すと交感神経優位な状態から副交感神経のそれに切り替わり、その際にセロトニンを分泌する神経が活性化され、セロトニンが増加します。また、涙にはマンガンが多量に含まれています。このマンガンが一定量を超えて溜まると、うつ病のリスクが上がるともいわれています。涙と一緒にマンガンを出すことでうつ病のリスクを軽減できるということです。

さらに興味深いことに、過去にあったストレスとは関係ないことで泣いた場合でも、もとのストレスからの悪影響も浄化されることまでわかってきました。

たとえば、過去に身近な人を亡くしてつらい体験をしたけれども泣けなかった人は、身体に緊張が残ってしまいます。しかし悲しい映画を観て「泣く」ことによって、以前のつらい体験からくる緊張も緩《ゆる》んで心が浄化されて楽になれるのです。だから多くの人は、喜劇ばかりではなく、時には悲劇の映画や演劇を観て泣きたくなるのでしょう。

それならば、泣くことを我慢するのは身体に悪影響があることになりますが、その点についてはどうでしょうか。

実際の研究では、泣くのを我慢する傾向がある人は、軽い症状ではニキビ、重い症状では潰瘍《かいよう》が発生しやすいこともわかっています。それはストレスによって溜まったネガティブな感情が、身体に緊張として溜まってしまうからだと考えられています。

そして泣くのを我慢している人はエンドルフィンも放出されないため、社会から引きこもりがちになり、人との関係を築きにくくなってしまうようです。

しかしストレスがあったときはいつでも泣くのがいいのか、というとそうではありません。たとえば泣くときの社会的な状況はとても重要です。他人がいるところで泣くことは、人からの評価を下げてしまうこともあるからです。

特に男性の場合、多くの文化で「男は人前で泣くものではない」といった教育を幼少期から受けています。そのため人前で泣くことが心の浄化につながらない場面もあるのです。

また、泣いたあとには嫌な気持ちが高まってしまったということもあります。それなら嫌なことがあっても我慢して泣かないほうがいいということもあるのかもしれません。

しかしいろいろな研究結果をまとめてみると、泣いた直後には嫌な気持ちが高まってしまうことはあっても、その数時間後、あるいは数日後には泣いたほうが確実に気持ちは上向いていることもわかりました。やはり泣くことは大事なのです。

＊ヨガ

ヨガは、紀元前５０００年頃にインドで始まった古代の心身の訓練技法です。「ヨガ」という言葉は、古典的なインドのサンスクリット語で「結びつける」という意味であり、心と身体と精神を結びつけるという目的を持っています。

著者もヨガをやっていますが、硬い身体はなかなか柔らかくなりません。ヨガをして身体を伸ばすと、痛気持ちいい感覚がありますが、その痛みを緩和しようとエンドルフィンが分泌されるようです。

ヨガは終わったあとの爽快感がなんとも嬉しいご褒美です。身体のすみずみまで血液が循環して温かさを感じると同時に、多幸感も感じられるのです。

ヨガはエンドルフィンの分泌量を4〜5倍も高めます。研究では、ランニングとヨガを比べた結果、どちらもエンドルフィンが高まり、差はなかったようです。著者の感覚でも、ランニングもヨガも30分やると、同じく爽快感や多幸感を感じます。

ヨガでも運動でも、基本的に好みのほうを行えばよいのですが、著者は1日おきに交互にやるのが気に入っています。

以前はランニングを毎日の日課として続けていましたが、毎日同じコースを走っているとだんだん飽きてくるし、何より身体の故障が出てしまうのです。できるだけ距離を延ばそうとか、速く走ろうとしてしまうと、すぐに故障につながります。

一時は足底筋膜炎といって、足の裏の筋肉に炎症が起きてしまい、何日も走れなくなってしまいました。それからは、ヨガに切り替えたりしながら運動を続けてきました。ヨガは毎日続けても身体の故障は起きていませんが、天気がよく爽《さわ》やかな日に室内でヨガをするのは少しもったいないと思う日もありました。

エンドルフィンは人と人を結びつける効果があります。ですからヨガ教室に通って仲間と一緒にヨガをやれば、エンドルフィンはさらに増えることでしょう。

＊サウナ・入浴・温泉

サウナ、マッドバス、温泉などは、身体の組織に熱が加わることでエンドルフィンが増えます。温浴やサウナのような受動的に加えられる熱ストレスと、運動のように能動的な動きから生じる熱ストレスでは、どちらも似た反応を引き起こします。

イタリアの生理学者ヴェスコビらの研究では健康な男性８人が、それぞれ３回ずつサウナ浴をしました。①80℃のドライヒートバス、②１００℃のドライヒートバス、③温度は80℃で一定にして、湿度を乾燥した状態から徐々に上昇させるバスでした。

各々のバスに入浴したときのエンドルフィンは、②でのみ有意に上昇しました。やはり**身体への負担が大きい刺激の場合だけエンドルフィンが分泌**されて、その負担を軽くするように作用するのです。

また別の研究でも、38℃で30分間入浴しても、エンドルフィンは分泌されませんでしたが、47℃の高温で入浴すると、2分後にはエンドルフィンが分泌されました。

日本人は今でも、温泉は熱い風呂に我慢して浸《つ》かっているのが効果がある、というような誤解をしている人が多いと思います。たしかにそのような熱い温度の風呂に浸かっていると、エンドルフィンが分泌されて、風呂から出た後は多幸感を感じるでしょう。しかし身体には相当な強いストレスがかかっていることは間違いありません。運動も負担が大きいほど健康への効果があるわけではありません。

そのあたりの理性的な判断が必要になってくるでしょう。

また鍼《はり》治療にも鎮痛効果があります。それは鍼によって弱い痛みを与えてエンドルフィンの分泌が高まった結果、鎮痛効果が発揮されるためです。

＊美味しさ

美味《おい》しいと感じるとエンドルフィンが分泌されます。

私たちはまず生物として、生存のために必要な食べ物を美味しいと感じるようにできています。スイーツや大トロなど、糖質や脂質に富んだものは、身体に必要だからこそ美味しいと感じるのです。

ただし美味しいと感じる食べ物は人によって異なっています。

子どものときから慣れ親しんで、食べ続けているものは美味しく感じるからです。もっと広い視点で見れば、文化によって発展してきた食の歴史とも密接に関連しています。

嗜好的に合った食べ慣れたものは、安心感があるので美味しく感じられるのです。一方、異なる文化の人は、味や風味に違和感を覚えて美味しく感じないこともあります。たとえば、納豆を食べる食文化のないところでは、美味しくは感じにくいでしょう。

また美味しさを感じるためには、食べ物の情報も重要です。情報による先入観が無意識のうちに美味しさをリードしているからです。

これは他の動物にはない、人間だけが持つ特有の美味しさです。たとえば「ここだけの特産品です」とか、「フランスで修業したシェフの料理」といった情報によって期待感が高まると、本当に美味しく感じるのです。

また情報以外にも食べ物の見た目（視覚）やオルソ・ネーザル（たち香：嗅覚）が感情や認知に影響を与えています。日本食は見た目が美しい料理が多いため、食べる前から期待値を高めてくれます。そしてこの美味しさへの期待や食への欲求と物理的な食の味（味覚）が合わさって統合されて、脳でエンドルフィンがつくられて快感中枢を刺激して最終的な味の評価につながるのです。

美味しさを感じるためには、こういった事前の情報がいかに大切か、実際の実験を紹介しましょう。

アメリカのコーネル大学のワンシンクのグループによる研究では、料理の名前を「そっけない普通の名前」にするか、「凝ったおいしそうな名前」をつけるか、という操作を加えて、食べる人の期待感を操作しました。

たとえばメニューに、単に「赤インゲン豆ライス添え」と表示する条件と、「トラディショナル・ケイジャン風味の赤インゲン豆ライス添え」と凝った名前で表示する条件に分けました。6種類の料理について、ある日は凝った名前で表示されますが、別の日には普通の名前で表示されました。

来店した人は、カフェテリア方式で、自分で好きな料理をとりました。それぞれの料理を食べ終わった後、アンケートへの回答を依頼しました。その結果、味の評価（9点満点）は、通常の名前では平均値が6・8点でしたが、凝った名前の条件では7・3点でした。同じ料理を食べたにもかかわらず、**凝った名前のほうが美味しく感じる**のです。

このような効果は、子どもにも見られます。たとえば、同じハンバーガーやポテトを食べた場合でも、「マクドナルド」のロゴが入っているものを食べた子どものほうが、美味しさを高く評価することや、産地の知名度や年代を操作したワインに関する実験でも、同じ効果が見られています。

美味しさは実際の味覚や嗅覚といった感覚だけで決まるのではなく、その事前の判断によって大きく左右されてしまうのです。だから味覚を研ぎ澄ませて、美味しさの違いを見分けようと思っても、よほどの経験を積んだベテランシェフやソムリエでない限りは、無理でしょう。

私たちの感覚というのは、それほどまでに信頼できない頼りないものなのです。ですから、「そのようなラベリングに騙《だま》されないぞ」という疑心暗鬼な態度ではなく、むしろ積極的にそのような情報に騙されて、エンドルフィンを出すようにして、簡単に幸福感を感じることを選んだほうが幸せなのではないでしょうか。

そうだとすれば、SNSの口コミなどを頼りにして、美味しいと評判の店を選べば、脳が騙される効果も加わって、美味しさを割増しされて感じるということもあるでしょう。

化粧品やバッグなどもブランド名にこだわるのも、エンドルフィンの喜びや幸福感を感じるためには重要な要素なのかもしれません。

図33 4つの幸せホルモンが対人関係に与える影響の違い

	共感	性的行動	対人関係のネットワーク
エンドルフィン	30	20	10
オキシトシン	4	45	10
ドーパミン	1.25	37.5	50
セロトニン	0	0	25

※数字はそれぞれのホルモンが、3つの対人関係の領域とどの程度強く関連しているかを示す数値

(出典:Pearce et al(2017) をもとに改変)

エンドルフィンと他の幸せホルモンの関係

エンドルフィンとその他の幸せホルモンとの関係について紹介しましょう。

図33は、4つの幸せホルモンが、人間関係の3つの領域(共感・性的行動・対人関係のネットワーク)のどの部分と強く関わっているか、について表しています。数値が高い領域と強い関連があることを示しています。

エンドルフィンは、目の前にいる具体的な人と、共感的な関係を築くことの喜びに関連しています。ここまで述べてきたように、歌ったり踊ったり笑ったりといった、身体の同調を促して仲間関係を強める働きがあることがわかります。

オキシトシンは、目の前にいる人との関係の中でも、特に性的行動と関係が深いことがわかります。

ドーパミンは、目の前の具体的な人よりも、広い抽象的な対人関係のネットワークと関係があります。ＳＮＳのように目の前にいない多数の人と関係を築くことに関わっているのでしょう。そして好きな人に対して性的な行為に駆り立てるアクセルのような役割も担っています。

セロトニンは、対人関係のネットワークと少し関係がありますが、あまり深くは関与していないようです。

次にエンドルフィンとオキシトシンとの違いですが、オキシトシンは、対人関係の築き方に影響を与えています。たとえば人と距離をとったつきあい方を好むか、誰とでもすぐに仲よくなれるかといったタイプと関係しています。

それに対してエンドルフィンは、刺激に対して分泌される点が大きな違いです。たとえば相手と手をふれあったときの喜びはエンドルフィンがもたらしてくれます。最近の研究では、ロマンチックなパートナーからタッチされるだけで、エンドルフィンの受容体が活性化されることが確認されています。

恋愛関係で重要なのは、エンドルフィンがもたらす麻薬のような快感かもしれません。そのような快感を求めて、人は愛する人にふれて愛を育み、エンドルフィンによる恍惚とした性的快感を求めているのかもしれません。

もちろんこのとき、オキシトシンも分泌されて、その後の相手との絆や信頼感も強まるでしょう。このようにオキシトシンは長期的に持続する効果もありますが、エンドルフィンは一時的な効果といった違いがあるのです。

またドーパミンとエンドルフィンの違いですが、それぞれの受容体にはさまざまなバリエーションがあります。そのバリエーションによって、「愛のスタイル」にも個人差が生まれてきます。

たとえばドーパミン受容体の遺伝子のタイプは、初体験の年齢と関連があります。性行動を積極的にするタイプの人は、初体験が早くなるのです。

またエンドルフィンの受容体のタイプは、共感能力に関連しています。共感能力は、恋愛関係の質にも影響を与えるため、共感能力の高いタイプの人は、ゆっくりと相手の気持ちを推察しながら恋愛関係を育んでいくのです。

人は人との関係の中でしか、幸福に生きていくことはできません。

本書の提案している順序（DOSE）の順番でいえば、まずはドーパミンです。それは対人関係のネットワークと関係しています。このことを考えると、多くの人が利用しているSNSを活用するのがよいでしょう。

見ず知らずの多くの人と交流する中で、この人とは合いそうだ、仲よくしたい、という人を見つけて、そのような特定の人とだけは実際に会って話をして仲を深めて、エンドルフィンやオキシトシンを強めていく、といったように、特定の人とその他大勢の人とつきあい方を変えていくようにするのが、この時代の最適な対人関係の営み方なのではないかと思っています。

【第6章】

性・ストレス・睡眠への
ホルモンの関わり

◎知っておきたい重要なホルモン

この章では、幸せホルモンに影響を与えるその他の重要なホルモンについて紹介しましょう（図34）。

どのホルモンも、幸せホルモンに影響を与えているため、理解しておくと役に立つでしょう。少なくとも、自分の性に関わる性ホルモンのことは、知っておいて損はありません。

◎性に関わるエストロゲンとテストステロン

性ホルモンは、幸せホルモンと密接な関係があります。そして幸せホルモンの作用に大きな影響を与えているのです。ここでは男女それぞれの代表的なホルモンを1つずつ紹介しましょう。

＊エストロゲン（女性ホルモンの一種）

エストロゲンは代表的な女性ホルモンです。

女性の発情行動（エストラス）を起こさせるホルモンとして発見されたことから、エストロゲンあるいは卵胞ホルモンとも呼ばれます。

最近、女性ホルモンの働きが乳房や子宮だけに限らず、広くさまざまな作用を持っていることがわかってきました。その代表的なものとしては、**血液中の脂質の代謝を改善し、有害なコレステロールを減少させ、血管内の細胞が一酸化窒素を生成して血管を柔軟にするのを促して、血圧**

図34　幸せホルモンに影響を与える6つのホルモン

性に関わるホルモン	女性ホルモン（エストロゲン）	女性を妊娠できる状態にする。肌や髪のハリやツヤを保ち、骨を丈夫にする作用がある。男性でも出ている
	男性ホルモン（テストステロン）	筋肉をつくり、皮下脂肪を蓄えにくくし、やる気を出させる。女性でも出ている。
抗ストレスホルモン	DHEA（デヒドロエピアンドロステロン）	ストレスによって分泌される。テストステロンやエストロゲンの原料になるほか、免疫力の調整、糖尿病や動脈硬化の予防など、コルチゾールの悪影響を抑える。
	コルチゾール	ストレスによって分泌される。血液を増やしたり血圧を上げ、免疫を抑える作用がある。
睡眠に関わるホルモン	成長ホルモン	成長期は骨の成長を促し、成人期は傷ついた細胞を修復するなど身体のメンテナンスをする。
	メラトニン	セロトニンからつくられ、概日リズムの調整に関わり、眠りに誘う作用がある。

を下げる効果もあります。

また**抗酸化作用を持ち、動脈硬化を予防したり、糖分の代謝を調節するインスリンの効果を高め、心臓を保護する作用**も確認されています。

さらに骨の代謝にも関与しているため、更年期にエストロゲンが減少すると骨密度が低下し、骨粗鬆症《こつそしょうしょう》などのリスクが高まります。

ただし過剰なエストロゲンの分泌は体重増加や月経周期の乱れ、不安や抑うつ、記憶障害などの症状を引き起こすことがあります。一方、エストロゲンが少ないと、膣の乾燥や月経不順、ほてり、乳房の痛み、疲労、骨密度の低下につながり、女性の不妊のリスクも高まることがわかっています。

＊心理的な影響

エストロゲンは脳にも作用しており、特に認知機能や感情、記憶に関わる部位にも影響を及ぼします。そのため、妊娠中や更年期、月経前症候群、うつ病など女性の気分や感情に影響を及ぼしています。

またエストロゲンは月経周期に応じてレベルが変動します。月経が終わってから約14日間はエストロゲンが増加し、幸福感が高まります。しかし、排卵後はエストロゲンが低下するため、うつ症状や不安症状が増加する傾向があります。実際、女性による犯罪の多くはこの期間に起こるというデータもあります。

更年期にはエストロゲンが減少するため、情緒不安定や記憶力・集中力の低下、イライラ、不安などの症状が出やすくなります。このように、エストロゲンは女性の心の健康にも重要な役割を果たしています。

また一般に女性に多い病気としてうつ病や片頭痛、過敏性腸症候群などがあります。

エストロゲンは、セロトニン神経に作用して抑うつや不安を改善させてくれます。ですから**エストロゲンが少ない時期には、うつ病などの症状が出やすくなる**のです。しかしエストロゲンを薬として投与すると、セロトニンが分解されるのを防いでくれる効果があるため、脳の中でセロトニンを利用しやすくなります。

図35　男性ホルモンの減少は緩やか、女性ホルモンの減少は急激

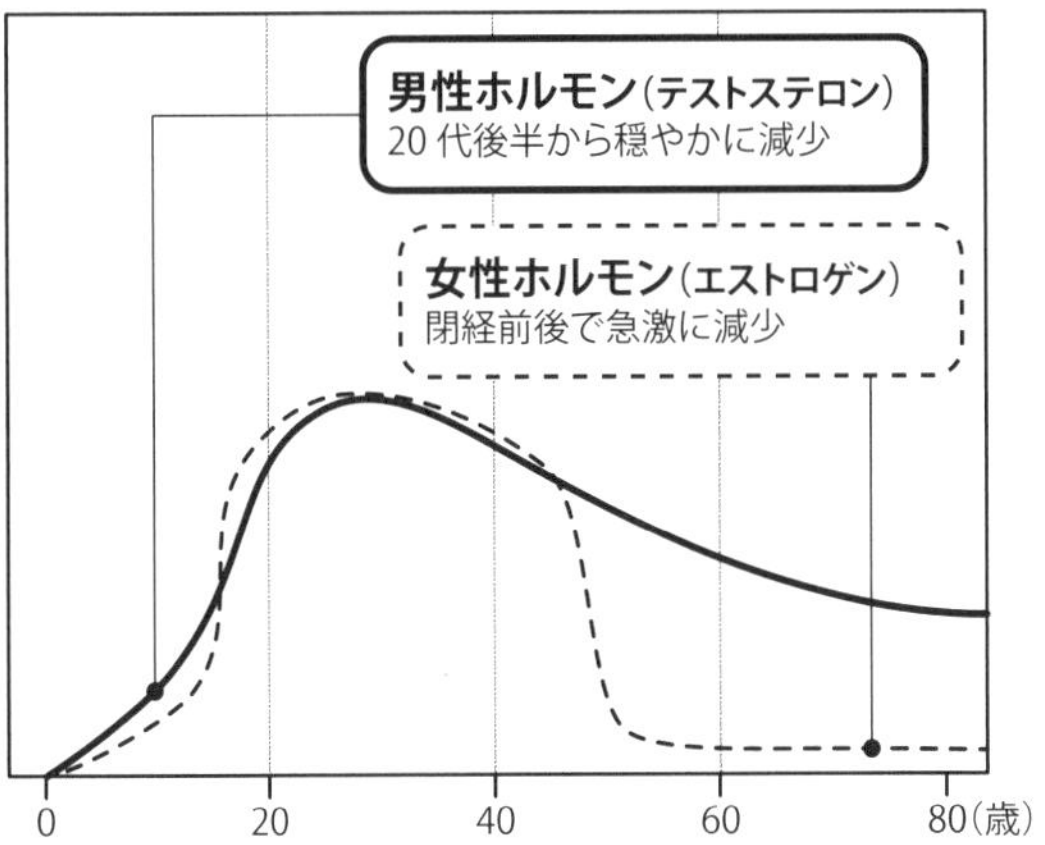

（出典：日本内分泌学会 HPより改変）

一方、男性ホルモンのテストステロンは、女性の体内でも分泌されています。その量は、男性に比べると少ないものの、エストロゲンが激減する時期でも、テストステロンのほうは緩《ゆる》やかにしか減少しないため、更年期以降の女性はテストステロンの影響を受けやすくなります（図35）。そのため更年期を過ぎた女性は、相対的にテストステロンのほうが多くなり、急に元気になって自信満々に行動的になるのです。

＊エストロゲンの減少はオキシトシンでカバーできる

エストロゲンは、オキシトシンと相乗的に作用します。特に脳にあるエストロゲン受容体は、オキシトシンをつくる視床下《ししょうか》部《ぶ》室傍核《しつぼうかく》に多くあることから、エストロゲンの受容体が活性化することで、オキシトシンの合成が増えることになり、不安やストレスによる反応を減少させることがわかっています。そしてオキシトシンの作用で、誰とでも仲よくなれるのです。

次に述べるテストステロンは、男性のストレスを低下させてくれるのに対し、オキシトシンは特に女性のストレスレベルを下げてくれます。ですからオキシトシンの分泌を促す行動は女性のストレスを大いに下げてくれるのです。

特に女性は出産後、ホルモンバランスが大きく変化します。このとき、エストロゲンが増えることでオキシトシンも増えて、子育てのスイッチが入るのです。

またオキシトシンの受容体はエストロゲンによって強化されます。どちらも元々は生殖を有利にするための女性ホルモンだったことから、お互いに強め合って効果を発揮するようになっているのです。

＊テストステロン（男性ホルモン、別名：元気ホルモン）

テストステロンは男性ホルモンといわれていますが、男女とも分泌されていて、気分にも影響を与えています。テストステロンは、男性は主に精巣で、女性は卵巣で生成されますが、どちらも副腎《ふくじん》皮質《ひしつ》でも生成されます。

テストステロンは思春期の男性で急激に高まります。思春期の男性は、元気いっぱいで、衝動性や攻撃性が高まることもありますが、そのような傾向はテストステロンの高まりによって起こります。

思春期はテストステロンが大脳辺縁系といった感情に関わる部位を活発にする一方で、理性的に考える前頭葉の働きはまだ完成していません。そのようなアンバランスがあるため、この時期には物事を理性的に判断したり、衝動性を抑えることが難しいため、問題行動を起こしやすくなるのです。

テストステロン値が低いと、やる気や元気がなくなり、うつや不安が高まります。逆にテストステロン値が高いと、幸福感、自信、活力の源になり、頭の回転や冴《さ》えをよくしてくれます。しかし男女ともに攻撃性を強める一面もあります。

テストステロンは、筋肉量を増加させ、脂肪量を減少させます。また高齢者の場合、若い頃よりもテストステロンが減少して、筋肉量は減ってしまいますが、そのような高齢者に薬としてテストステロンを投与すると、タンパク質の合成が増えて筋肉量は増え、脂肪量が減る効果があります。

さらにテストステロンは記憶力とも関係があります。アルツハイマー病の高齢男性患者に短期間、薬としてテストステロンを補充したところ、空間および言語的記憶が改善されたのです。若い女性でも、テストステロンを投与すると目的地に向かうときなどに必要な空間記憶が改善されました。

それは狩猟採集時代の名残で、テストステロンが多く屈強で元気な男性ほど獲物を追いかけて遠くまで行く傾向があったのでしょう。それでも、確実に妻子の元に戻れるように空間記憶が発達したのだと思われます。

＊テストステロンの心身への作用

ドイツの心理学者ルカヴィナらは、若い男性のテストステロンの濃度を測ると同時に、彼らの表情認識能力を測る実験を行いました。その結果、テストステロンが多い人ほど、人の表情を読み取るのにかかる時間が長くなってしまうことがわかりました。

その理由は、テストステロンは感情を処理する扁桃体《へんとうたい》などに作用して、その機能を妨害するからだと考えられています。女性にテストステロンを投与した実験でも、やはり同じ結果が得られました。

同じように、空気を読んだり相手の意図を察することが苦手な自閉症は男性に多いのですが、それは母親の子宮の中にいるときに、脳が大量のテストステロンに晒《さら》されたためと考えられています。

ですから一般的に女性のほうが相手の気持ちを察したり、共感したりといったコミュニケーションが得意なのです。そして男性の中でも、高い地位にある人や、攻撃的な人、マッチョな人、行動力旺盛な人などは、テストステロンが多い傾向があるため、人の気持ちに鈍感な傾向があるようです。

人間以外の動物の場合は、テストステロンは一見すると攻撃性を高めるように見えますが、厳密にいえばテストステロンは、他者より優位に立ちたいという支配欲求を高めるのです。支配欲求は、群れの中で高い地位を得ようという動機を指します。しかし人間を含めた霊長類の場合は、高い地位につくためには必ずしも相手を攻撃する必要はありません。

人間は言葉で話し合うこともできますし、サルやチンパンジーは相手に力強いところを見せつけるなどして攻撃を防いでいます。そのため支配欲求が必ずしも攻撃性を高める行動として現れないのです。

また高い地位を維持するには、自分の地位を脅《おびや》かす相手が差し迫っている脅威に対して敏感になる必要があります。テストステロンはそのような脅威にも敏感にさせます。

男女ともテストステロンが高い人は、リスクの高い行動をしやすく、職業的にもより挑戦的な金融業に進むことが多いという結果が出ています。

さらにそもそもテストステロンは性ホルモンなので、生殖行動と関係しています。男性が排卵中の女性の体臭を嗅ぐと、排卵していない女性の体臭に比べてテストステロン値が大きく増加するのです。こうして男性は性欲が高まり、精巣の機能が強化され、子孫を残そうとしているのです。

＊女性のテストステロン

女性も男性ホルモンを持っていて影響を受けています。意外なことに女性のテストステロンの濃度は、エストロゲンより10倍も高いのです。男性の場合、テストステロンは主に精巣でつくられますが、女性は卵巣や副腎だけでなく脂肪でもつくられるからです。

一般的に思春期は、女子のほうが早く始まります。女子は第二次性徴によって卵巣が発達すると、エストロゲンだけでなくテストステロンの量も増加します。

小学校高学年くらいからは、クラスで女子のほうがエネルギッシュに活動したり、リーダーシップを発揮したりすることが多くなりますが、それもテストステロンの働きです。

女性のテストステロンが多すぎると、月経不順、身体や顔の毛の過剰な成長、筋肉の異常な成長などの症状が出ることがあります。その場合はテストステロンと反対の作用があるオキシトシンを増やすのがよいでしょう。オキシトシンは、身近な人への信頼や愛情を強める働きをします。それとは反対にテストステロンは、人への不信感を高め、警戒させて攻撃性を高める働きです。オキシトシンは誰に対しても信頼を高めてしまうという功罪もあることから、時には騙《だま》されてしまう可能性もあります。そこでオキシトシンとテストステロンのバランスが大事だとも考えられます。

テストステロンが多すぎる女性は、オキシトシンを増やす行動を積極的にするのがよいでしょう。

逆に女性のテストステロンが低下すると、性交痛、性欲減退、月経周期の中断、不規則な睡眠、体重増加、やる気の喪失、うつ病、不安などの症状が出てきます。テストステロンを増やす方法は、規則正しく生活して、十分な睡眠を確保し、良質なタンパク質や脂質、ミネラルやビタミンなどもバランスよく摂取することが大切です。

また慢性的なストレスはテストステロンを低下させるので、ストレスはできるだけすぐに発散するのが大切です。

筋力トレーニングや高強度の運動はテストステロンを促進します。しかし過度な運動や過度なダイエットは逆効果となるため、適切なバランスを保つことも大切です。

ストレスに関わるDHEAとコルチゾール

＊DHEA（デヒドロエピアンドロステロン）

DHEA（Dehydroepiandrosterone）は、副腎皮質で分泌されるホルモンです。DHEAは「マザーホルモン」といわれることがあり、男性ホルモン（テストステロン）や女性ホルモン（エストロゲン）などを合成するために必要な、ホルモンの前駆体となる物質です。

その作用として主に免疫力を高める、炎症を抑える、皮膚の色素沈着を抑える、代謝を高める、ストレスの緩和、意欲の増進、動脈硬化の予防、性的欲求を高めるなどの作用があります。

男女とも加齢によって減少しますが、男性のほうが分泌量は多いです。

循環器科の医師、榎本美佳《えのもとみか》らの27年にわたる追跡調査の結果、男性では、ＤＨＥＡが多い人ほど長寿だったことから、**長寿ホルモン**とも呼ばれています。

ＤＨＥＡは、後に述べるコルチゾールと同じくストレスによって分泌されるため、抗ストレスホルモンとも呼ばれています。

コルチゾールはストレスがあると血糖値を上げて、ストレスに対応できるように身体のエネルギーを高めてくれます。しかしこのとき、老化の原因となる活性酸素が発生してしまい、さまざまな臓器に悪影響を与えてしまいます。ＤＨＥＡはこのような酸化を防いでくれる働きもあるため、**若返りホルモン**とも呼ばれるのです。

コルチゾールはストレスが長く続いても分泌し続けますが、ＤＨＥＡは次第に減少してしまうため、コルチゾールの悪影響が出てきます。

またコルチゾールは、免疫機能を抑制しますが、ＤＨＥＡは免疫を強化してくれます。ＤＨＥＡは20～30歳をピークに減少していきますが、コルチゾールは加齢によって高まっていきます。

そのため高齢になると免疫機能が弱くなり、がんなどが発症しやすくなるようです。

ＤＨＥＡは心にも影響を与えています。

ＤＨＥＡは、ドーパミン、エンドルフィン、オキシトシン、セロトニンの合成にも間接的に影響を与えています。そこで**ネガティブな感情から身を守り、幸福感やポジティブな気分を高める効果がある**のです。そのためうつや不安を治す薬としても研究が進んでいます。また認知機能や記憶を改善する効果もあるようです。

さらに、先に述べたように男女の性ホルモン（テストステロンやエストロゲン）のもとになる前駆体となる物質です。

ラットの実験では、ＤＨＥＡを薬としてメスのラットに1週間服用させると、オスを受け入れる行動が増加し、性的衝動を生み出す脳機能が活性化することがわかっています。

人の場合も、閉経後早期の女性にＤＨＥＡを薬として投与した結果、性機能と性交の頻度が改善したという結果もあります。このようにＤＨＥＡは性機能の低下や性的欲求の低下などの症状にも効果があるようです。

＊ＤＨＥＡを増やす方法

副腎は酸化に弱い臓器です。副腎の機能が高いほどＤＨＥＡの分泌は多くなります。副腎の疲労を防ぐためには、**ビタミンCやE、亜鉛などの抗酸化物質が含まれる食品をとる**ようにしましょう。

これらは食べ物ではヤムイモに多く含まれています。自《じ》然薯《ねんじょ》や長芋もヤムイモの一種です。その他には、納豆や黒豆、アボカド、魚介類もよいようです。

またＤＨＥＡは運動で増やすこともできます。サイクリングのように**下半身に軽い負荷のかかる程度の運動が効果的**です。ウォーキングでもよいのですが、階段や坂道を上るようにしたり、早歩きをするなど、軽い負荷のかかる歩き方をするようにしましょう。また、５～10分程度の軽い筋トレも効果的です。

フランスの生理学者ティサンディエらの、高齢者を対象にした実験の結果、持久力トレーニングを受けている人のほうが、座りっぱなしの人よりもＤＨＥＡが高いことがわかりました。

同じようにイタリアの医学者バグリアらの研究によると、中程度の強度で定期的にサイクリングを行っている高齢男性は、座りっぱなしの人よりもＤＨＥＡが有意に高いこともわかりました。

＊コルチゾール

抗ストレスホルモンとも呼ばれるコルチゾール。コルチゾールの値は朝が最も高く、日中は減少します。これから活動を開始しようとする際に多く分泌されるのです。

同じことはストレスでも起こります。ストレスを感じると、ＨＰＡ軸（視床下部―下垂体《かすいたい》―副腎系）が活性化されます。

ＨＰＡ軸は、ストレスへの適応や恒常性の維持など、ストレスに対する生理的プロセスを調節するための神経内分泌系の機能です。視床下部―→下垂体―→副腎系の順に活性化され、副腎皮質からコルチゾールが分泌されて、血液中に放出されます。

その作用は、**痛みを感じにくくして痛くても動けるようにする、血圧を上げる、血糖値を上げる、免疫系の働きを抑える、記憶力と注意力を高める**といった作用です。

しかしストレスが長期にわたって続いたり、過剰なストレスを経験すると、コルチゾールの分泌が持続してしまいます。すると今度は逆に身体と脳に悪影響を及ぼしてしまいます。

コルチゾールは抗炎症効果もあるので、免疫による炎症反応を抑えてくれます。しかしコルチゾールが過剰に分泌された結果、免疫が過剰に抑制されて、免疫力が落ち、感染症やがんなどのリスクが高まってしまいます。

また脳では長期記憶をつかさどる海馬《かいば》を萎縮させてしまう結果、昔の記憶を思い出すことができなくなったり、認知機能に問題が生じ、認知症のリスクを高めてしまいます。

さらにコルチゾールを出し続けようと副腎が疲れてしまい、必要なときに分泌できず、ストレスに対処できなくなってしまいます。

コルチゾールが増えると、食欲を刺激し、肥満や高血圧になる可能性があります。また、皮膚の健康に悪影響を及ぼし、炎症を引き起こし、湿疹、乾癬《かんせん》、にきびなどの皮膚の状態を悪化させます。

著者の研究でも、普段から幸福感が低い人は、コルチゾールが多く、皮膚の状態が悪いという結果も出ています。逆に幸福感が高い人は、コルチゾールは低く、オキシトシンが高く、皮膚の状態が良好でした。

コルチゾールとオキシトシンは反比例の関係にあるからです。

＊コルチゾールと幸福度

コルチゾールは、自分でコントロールができない状況や、他者から評価されるといったストレスによって多く分泌されます。ですから心理学の実験では、ストレス課題としてコルチゾールを測定する場合には、トリア社会的ストレステスト（ＴＳＳＴ）という課題がよく用いられます。

この課題は、スピーチの準備（10分間）、評定者の前でのスピーチ（5分間）および暗算課題（5分間）を行ってもらうのです。

適度なレベルのコルチゾールの分泌は、セルフコントロールの能力を高めてくれます。しかしコルチゾールが増えすぎると、セルフコントロールが利かなくなり、怒りや恐怖などの感情が高まり衝動的に対処するようになります。

野生動物でも危険が迫っているときに、最初は冷静な対応をすることができていても、危険が切迫して冷静な判断などできないような場合には、「窮鼠《きゅうそ》猫を噛む」といわれるように身を翻《ひるがえ》して危険な相手に飛びかかっていくことがあります。生き延びるためにあえて危険な決定をすることもあるのです。

また、人生の幸福度が高く健康な人ほど、コルチゾールが低い傾向があります。コルチゾールは、何かのストレスがあったときに高まる抗ストレスホルモンですから、急性のストレスを繰り返し経験することで、徐々にコルチゾールが増えて蓄積されるために、幸福を感じにくくなり健康状態が悪化してしまうのだと考えられています。

◎睡眠に関わる成長ホルモンとメラトニン

＊成長ホルモン

成長ホルモンは、文字通り人の成長に関わるホルモンです。脳の下垂体から分泌されて、主に骨の末端にある軟骨細胞に働き、成長を促します。

子どもの頃の成長期にこのホルモンが不足すると低身長になり、分泌が多いと高身長になる傾向があります。

その他にも、肝臓、筋肉、心臓、脳、血管などさまざまな臓器に作用し、代謝を調節していいます。成人後は成長ホルモンは必要ないだろう、と思う方がいるかもしれませんが、それは間違いです。

成人後は主に代謝の調節に関わっています。このホルモンが不足すると、コレステロールや中

図36　成長ホルモンとメラトニンの概日リズム

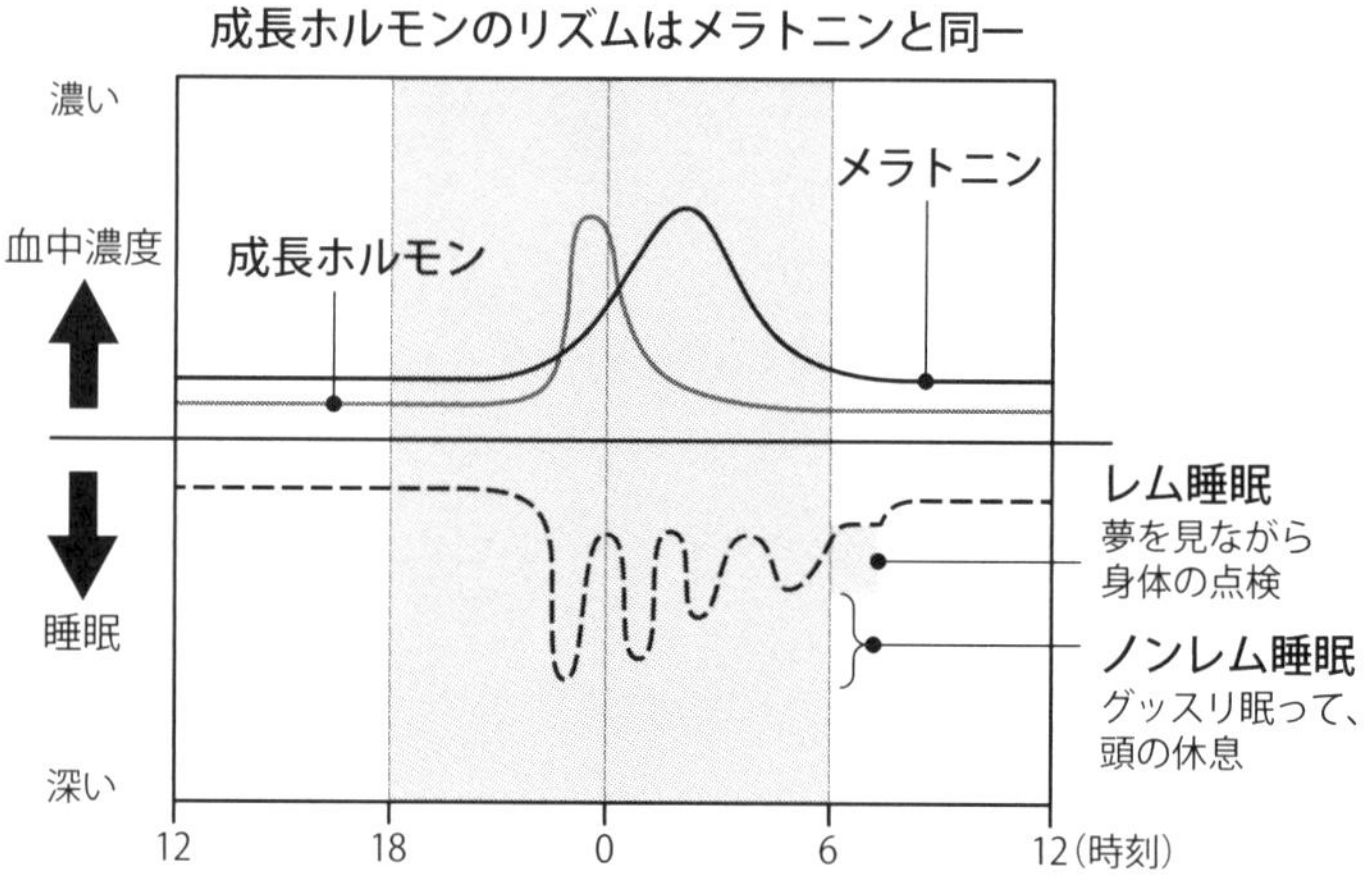

（出典：神山潤『子どもの睡眠』（芽ばえ社 /2003年刊）をもとに作成）

性脂肪など脂質の代謝の異常が現れたり、内臓脂肪が増えることがあります。また骨を維持する機能もあるため、成人後に成長ホルモンが不足すると、骨の代謝がおかしくなって、骨粗鬆症になったり、筋肉量が減って運動能力も減退します。

また皮膚では発汗量が低下するため、皮膚が乾燥しやすくなります。そして心理的にも、疲れやすい、元気が出ない、気分が落ちこむといった症状が出ます。

その他にも、成人後に成長ホルモンは、紫外線で傷ついた皮膚の細胞を修復してくれたり、運動などで壊れた筋細胞を新しく再生して、より強い筋細胞をつくってくれます。同じように、壊れた免疫細胞を新しいものに再生してくれるため、より強い免疫力をつけることもできます。

まとめると、**成人にとっては身体のメンテナンスをしてくれている**と考えるとよいでしょう。

＊成長ホルモンを増やす方法

成長ホルモンを分泌させるためには、**睡眠の質**が大切です。睡眠は、睡眠後90分後にピークに達して、3時間まで深い眠り（ノンレム睡眠）が続きます。このとき、成長ホルモンはピークに達します。

そこでこの間に、いかに質のよい深い眠りにつけるかが勝負なのです（図36）

＊その他のホルモンとの関係

セロトニンは成長ホルモンの分泌を促します。

母親が妊娠中に何をどの程度食べるか、ということが胎児の成長ホルモンに影響を及ぼしていますが、中でもセロトニンの前駆体である**トリプトファンを含んだ食べ物が成長ホルモンの分泌にも大きな影響を及ぼしています**。

成人でも、トリプトファンを多く含んだ食事をすると、セロトニンが増えるだけでなく、成長ホルモンを増やすことができます。詳しくは127ページを参考にしてください。

また女性ホルモンのエストロゲンも、成長ホルモンの分泌を促します。思春期の女子はエストロゲンの分泌が高まるため、男子よりも身長が高い傾向があるのです。

また、オキシトシンも成長ホルモンの分泌を促します。それゆえ、たとえば未熟児で生まれた赤ちゃんにタッチケアをしてオキシトシンを増やすと、成長ホルモンも増えて、赤ちゃんの成長を促すことにつながるのです。

＊メラトニン

メラトニンは、セロトニンを原料として合成されるホルモンです。メラトニンは、松果体《しょうかたい》という脳内の小さな腺から分泌されるホルモンで、季節のリズムや概日《がいじつ》リズム（サーカディアンリズム）の調節作用があります。

概日リズムは25時間周期なので、太陽の光を浴びずに生活していると、1日に1時間ずつ遅れてしまいます。だからこそ、朝目覚めたら朝日を浴びて、概日リズムをリセットする必要があるのです（図37）。

メラトニンの機能は、人体の昼夜の循環のリズムを制御する役割です。人体には体内時計があり、睡眠、食欲、体温などのリズムを調整しています。

外界の光刺激は網膜に入ると、体内時計（生物時計・視交叉上核）を経て松果体に達します。メラトニンの分泌は明るい光によって抑制されるため、日中にはメラトニン分泌が低く、夜間に

図37 メラトニンは夜に分泌され、朝日を感じると止まる

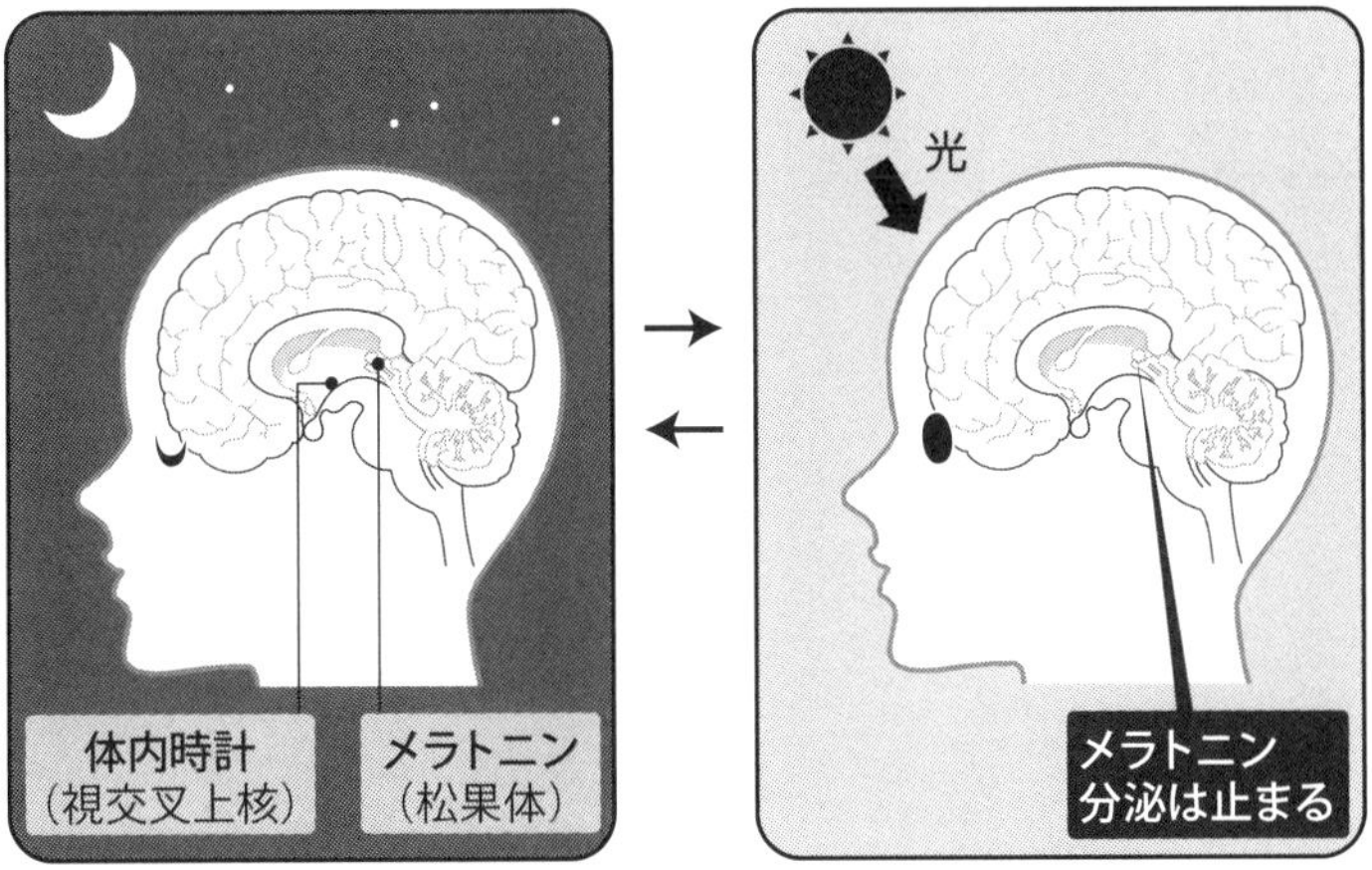

（出典：武田薬品工業 HP より）

分泌量が十数倍に増加します。

メラトニンは昼間に分泌されるセロトニンを材料にしてつくられるため、昼間にセロトニンを十分に分泌させておくことが大切です（**図38**）。

年齢的にはメラトニンは5歳頃が最も多く、思春期以降減少し、50歳を超えるとピーク時の10分の1以下にまで減ってしまいます（**図39**）。夜、ぐっすり眠れなくなったり、朝起きたときに疲労感があったりすることが増えてくるかもしれません。そのため**メラトニンは脳の老化を見る指標**ともいわれています。

メラトニンの分泌が少ない障害として、自閉スペクトラム障害（自閉症）があります。そのため自閉症の人は概日リズムにも障害があり、夜間でもメラトニンが有意に低いこと

図38　セロトニンとメラトニンの概日リズム

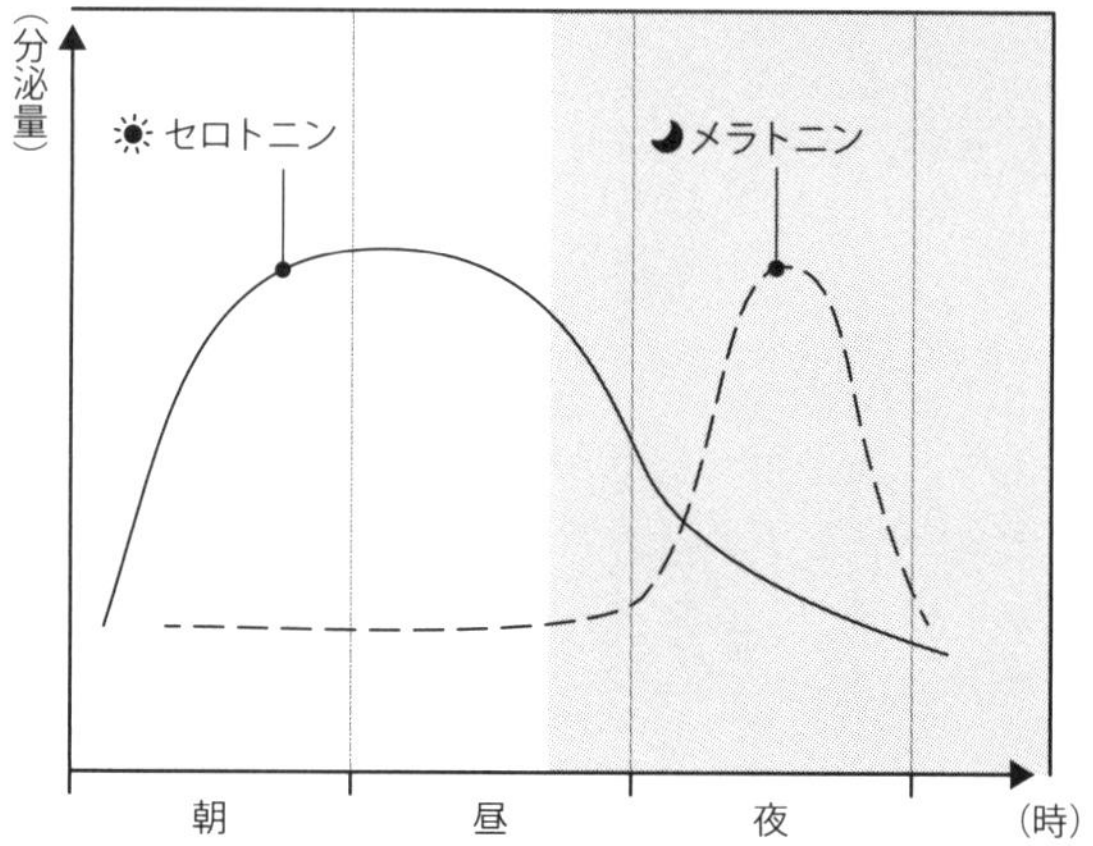

（出典：（株）神田通信機 HP より）

図39　メラトニンは脳の老化を見る指標

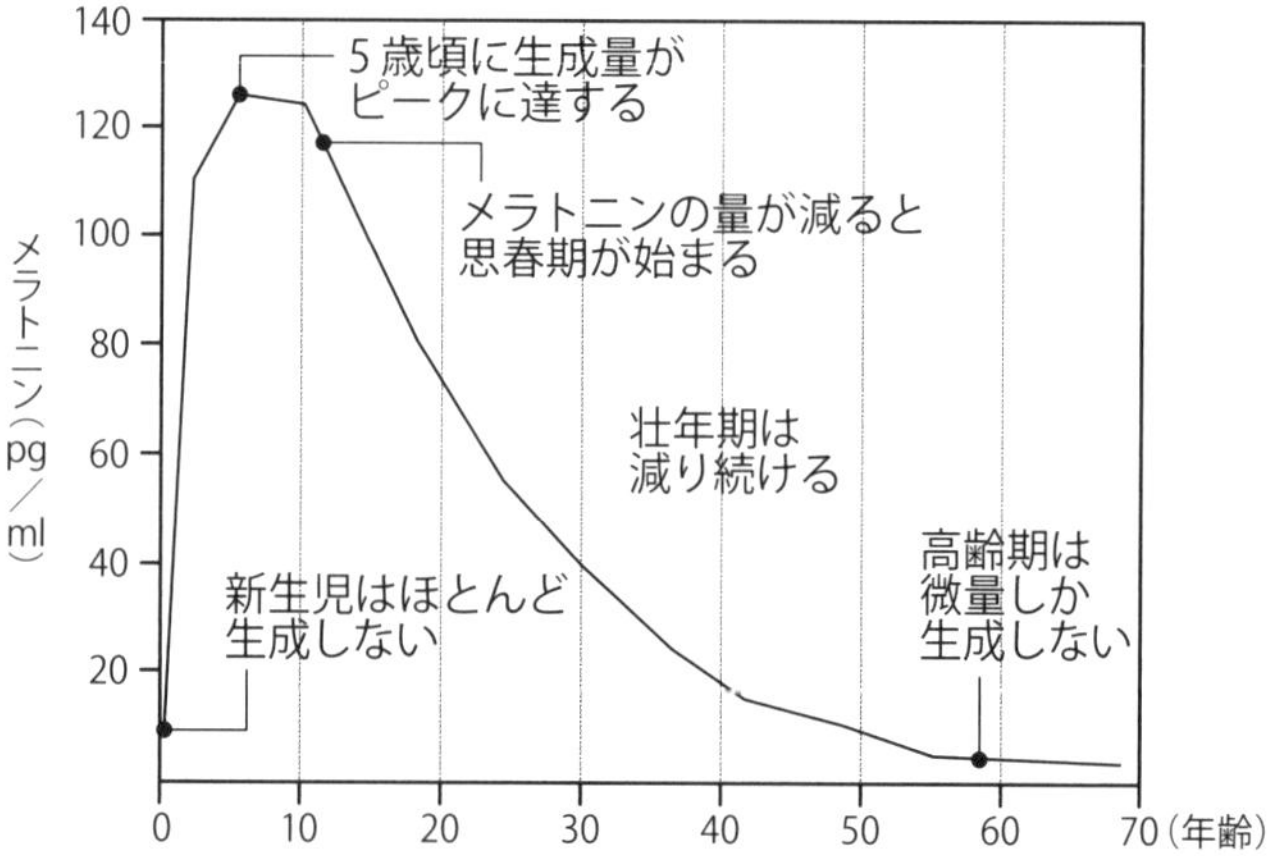

（出典：Melatonin:YourBody's Natural Wonder Drug,Bantam Books,1995）

がわかっています。

前述のようにメラトニンはセロトニンからつくられるため、自閉症の人はセロトニンも低下しています。そのため不安やうつ、パニック、攻撃性なども多く出やすいのです。

さらに自閉症の多動、常同行動（外から見ると意図がわからない、繰り返し行われる行動）、攻撃、自傷といった行為や、前頭葉の機能の問題である高次脳機能の低下などは、ドーパミンの不足からくる症状です。また相手への共感、表情の認知の問題などコミュニケーションの問題はオキシトシンの低下からくる問題です。

このような生まれつきの問題がある場合は、オキシトシンやセロトニンから増やしてあげるとよいでしょう。目の前の具体的な行動ですぐに増やせるのが、この2つのホルモンだからです。

メラトニンを増やすためには、次の点に注意してみましょう。

- **規則正しい生活習慣をつけましょう**——生活リズムを規則正しく整えると体内時計が整えられてメラトニンの分泌を促します
- **寝る前の暗い環境**——寝る前に暗い環境をつくることでメラトニンの分泌が促されます。スマホなどは使うのを控え、照明も暗くしましょう
- **朝日を浴びる**——朝起きたらカーテンを開けて、朝日を浴びるようにしましょう。体内時計がリセットされます

・**カフェインやアルコールを控える**――カフェインやアルコールはメラトニンの分泌を妨げるため、特に寝る前6～8時間はカフェインの摂取は控えましょう。アルコールは一時的な鎮静効果を持っているため、就寝前に摂取することで眠気を感じることがあります。しかし、その後の睡眠の質が低下しやすく、睡眠が断片化される傾向があります。アルコールを摂取すると脳の鎮静効果のため眠くなりますが、メラトニンが増えるためではありません

・**食事**――トリプトファンを多く摂取することでセロトニンが増えた結果、メラトニンを増やすことにつながります

・**ストレスマネージメント**――コルチゾールとメラトニンは、生体リズムを調整する上で重要なホルモンですが、その役割は対照的です。朝にコルチゾールが増加することで覚醒が促され、夜にはメラトニンの分泌が増加することで眠くなります。ですから夜までストレスが溜まっていると、コルチゾールが多くメラトニンが少なくなるため、なかなか眠りにつけなかったり眠りが浅くなったりしてしまいます。ストレスは睡眠に入る前までに解消しておきましょう

第7章

毎日続けたい
幸せホルモンを増やす方法

◎誰にでもできてすぐに幸福感を感じられるものに限定

ここでは、幸せホルモンを分泌させるために、日常に取り入れたい生活習慣を提案していこうと思います。

ここで紹介する行動は、特定の幸せホルモンではなく、複数の幸せホルモンが分泌されることがわかっているため、日常で少し意識して習慣の1つとして取り入れるだけで、幸福感は大きく変わってくるはずです。できるだけ「誰にでもできて」「すぐに幸福感を感じられるもの」に限定しました。

このような習慣は、継続することが大切です。日常生活の中でほんのわずかな時間でもいいので、それらが当たり前の習慣になるように、毎日のルーティンの中に組み入れるようにしてください。「継続は力なり」です。

これから紹介する方法は、どれも最初は億劫《おっくう》だったり、最初のうちは効果が感じられなかったりするかもしれません。しかしそこで諦《あきら》めてやめてしまうのではあまりにもったいないのです。脳が変わるためにはある程度の時間が必要なのです。

どのメニューも、**最低2週間は続ける**ようにしてください。そうすれば脳も変化してきて、毎日の心の変化や体調の変化が実感されてくると思います。

レッツトライ！

◯幸福感につながる運動

運動の習慣を維持するためにはまず、なぜ運動をしようとしているのか、ということをきちんと意識することが大切です。

健康を維持するためでしょうか。やせるためでしょうか。ストレス解消のためでしょうか。その目的によって、どんな運動をどのくらいすればいいか、まったく違うのです。しかしどんな目的であっても、やはりある程度の期間は続けないと目的は達成できません。

本書では、特に幸福感を高めたり、メンタルヘルスに及ぼす効果について見ていこうと思います。

本書で提案している順序（DOSE：ドーパミン→オキシトシン→セロトニン→エンドルフィン）で考えると、まずは目標を設定して「目標を達成しよう」と意識することが大切です。こうしてドーパミンが分泌されるからです。

たとえば「できるだけ毎日、ウォーキングするようにしよう」といった目標でもいいですが、この目標では、達成できたか否かが曖昧です。そこでたとえば「1週間に最低5回（1回30分）はウォーキングしよう」といった、より具体的な目標にするほうがいいでしょう。そして、「1

回ウォーキングするごとに、その日はビールを飲める」といった小さなご褒美《ほうび》を自分にあげるようにしましょう。

そして1週間チェックして、5回運動を達成できたら、さらに大きなご褒美「好きな映画を観に行く」などがもらえるようにします。

このように、目標を達成することで、エンドルフィンのご褒美をもらえるようにすると、ドーパミンもエンドルフィンも得ることができます。

ただし、「今日も運動をしなければならないなあ」などと、やることに億劫な気持ちが生まれてしまうと、それがストレスになってしまいます。だからストレスを解消したり、健康を維持することを目的にして、**自分の楽しめる適度な運動を行う必要**があります。

著者の場合、ジョギングを基本としていますが、翌日はヨガ、次の日はサイクリングなどと、単調にならず楽しんで続けられるメニューを揃えています。


1つ補足しておきますが、本書で紹介したように、運動自体でエンドルフィンのご褒美を得ようとすると、エンドルフィンもドーパミンも、「15分から20分のランニング」といった苦しい運動をしないと分泌されません。

たしかにきつい運動をすることでランナーズハイといわれる幸福感が得られます。1982年に、スポーツ科学者ファレルたちはランナーにトレッドミル（ランニングマシン）を使って走ってもらい、エンドルフィンの分泌が盛んになることを実証しました。

そこでエンドルフィンが「ランナーズハイ」の正体であると報告されました。この原因となるエンドルフィンは、15分程度の運動をすると出やすいことがわかっています（※最近の研究によると、ランナーズハイの原因となる物質は、エンドルフィンよりもカンナビノイドではないか、と考えられるようになってきました。ランニングをすると血漿《けっしょう》中のカンナビノイドの上昇や前頭葉におけるカンナビノイドレセプターが増加することが証明されています）。

実はこの現象は、長期のランニングというストレスで心拍と血圧が危険域まで上昇した結果、脳がそれを非常事態と認識し、エンドルフィンを分泌することで、ぼーっとした気持ちよい気分を生み出すのです。

つまりこの多幸感は「苦痛を消すためのもの」なのです。ですからエンドルフィンの多幸感を求めるためには、ある程度の苦しい運動をしなければならないことになります。

エンドルフィンを増やすことを目的とする場合は、運動量よりもむしろ運動の継続時間がより大きな影響を与えています。しかし残念なことに、毎日のように運動を続けていると、同じ時間運動をしても、エンドルフィンは分泌されなくなってきます。毎日続けていると、慣れてきて苦痛に感じなくなってくるからです。

運動の種類に関しては、有酸素運動でも無酸素運動でもいいのですが、ウォーキングなどの有酸素運動のほうがエンドルフィンを増加させます。

また、たとえば有酸素運動はうつの症状を軽減するためにも有効です。

米国の精神科医ブルメンタールらの研究では、16週間、有酸素運動を続けることは、同じ期間の抗うつ薬による薬物療法と同様の症状軽減効果があり、さらに再発が少ないことがわかっています。それは有酸素運動によって、セロトニンやドーパミンも増えるからです。

また不安を軽減する効果も大きく、全般性不安障害やパニック障害のように「不安感受性」の高い人に有効です。その理由は、不安が高まったとき、人は心拍が速くなって、呼吸が浅く速くなるなどの身体感覚を感じますが、これらは運動をした場合にも感じる感覚です。

運動で起こるそのような身体の感覚に耐えることを強いられる中で、症状を感じても恐怖心が徐々に弱まっていくのです。

本書で提案していることは、毎日の習慣にすることですから、エンドルフィンが出るような苦しい運動はあまりおすすめしません。

あくまで楽しい、心地よいと思える運動がいいと思います。

＊中高年の運動

特に中高年の方にとっては、軽い運動がよいでしょう。軽い運動をすると、エンドルフィンはあまり出なくても、血液中の酸素が増えて、それが脳に届いて、頭がスッキリして気分がよくなります。

また神経の成長を促す物質も分泌されます。それは神経成長因子といって、神経の成長を促す物質が脳でつくられることで、脳のさまざまな神経細胞を成長させるのです。そのため運動をすると、海馬《かいば》の血流が増加したり、海馬の体積が増加し、高齢者でも前頭葉の体積が増加するのです。

また**軽い運動は加齢によって脳の体積が減少するのを防いでくれます。**

＊仲間と一緒にやるとオキシトシンの効果も

運動を続けるのは本当に難しいですね。著者も寒い冬の日や暑い夏などは特にサボりたくなってしまいます。そのようなときのために、一緒に運動できるパートナーや仲間をつくるようにするといいでしょう。

仲間と一緒に運動すれば、オキシトシンも分泌されるため、苦しさや面倒な気持ちも小さくなって頑張れるでしょう。最近では、アプリを使って仲間と励まし合って運動できるので、そのようなアプリを使うのもおすすめです。

仲間と一緒にやると、運動のきつさを緩和してくれる効果もあり、ポジティブな気持ちも生まれます。

ストレスがかかると抗ストレスホルモンのコルチゾールが分泌され、時間が経つにつれて海馬の神経が損傷されてしまいます。しかし運動によってこの反応を抑制することができるのです。

たしかに運動自体が、身体にとってはある種のストレスでもあるので、運動することでコルチゾールが大量に分泌されます。しかし運動した後はコルチゾールの分泌にストップがかかります。

これを毎日繰り返すうちに、コルチゾールの分泌に対して、うまくストップがかかるようになり、その結果としてストレスがあったときにダラダラとコルチゾールが分泌され続けるのを防いでくれるのです

コルチゾールの分泌を抑えるためには、オキシトシンが有効です。ですから**ストレスがあるときこそ、仲間と一緒に運動するようにすれば、ストレス解消の効果は絶大**です。

＊推奨される運動習慣

・週に合計2時間程度の中等度の有酸素運動（速足のウォーキング）

・週に合計1時間程度の強度の有酸素運動（ジョギング、ランニング、水泳）

・週2日の筋力トレーニング

〈ポイント〉

・目標に到達したら自分にご褒美をあげよう

・毎回の運動をした後は次のトレーニングを始める前に心身が十分回復する時間を取ろう
・運動を支えてくれる友人や家族を見つけよう

◎マインドフルネスで心の迷走から脱する

私たちの脳にある神経回路は、生まれてからのさまざまな経験によって人それぞれ違った配線がつくられていきます。生まれたばかりの頃は、神経細胞はたくさん備わっていますが、それぞれの神経細胞はまだあまりつながっておらず、つながりはその後の経験によってつくられていくのです。

そして2歳頃までには、使われなかった神経細胞はなくなってしまい（刈り取り）、よく使われる神経回路だけが残ってさらに強化されるようになります。そのため、成人後も一度つくられた神経回路だけが働くような仕組みになっているのです。

それでは新しい神経回路をつくって幸福を感じやすい神経回路につくり変えるためにはどのようにしたらよいのでしょうか？

まずは何かよくない習慣を持っているとしたら、その習慣をやめることです。そのためには、その習慣を引き起こす刺激が何かを特定して、それに自動的に反応していることに気づいて、それをやめなければなりません。

すぐに自動的に反応するのをやめることは、第1のステップとして大切なことなのです。

恐ろしいことに、脳には何かストレスがあると、それをさらに悪化させる仕組みがあるのです。その仕組みは「記憶力」と「想像力」です。この2つは人間にとってとても素晴らしいものだと思いませんか？

たしかにこれらの力はよく機能すれば、とても素晴らしい力を発揮してくれます。しかし悪く機能することもあるのです。この仕組みは「心の迷走：マインド・ワンダリング」と呼ばれ、ネガティブな気持ちのときには、過去の後悔や未来の不安についてあれこれと考えてしまうことになるのです。そして多くの時間を、意識がネガティブな感情と思考に占拠されてしまい、ストレスが続いてしまうのです。

これが抑うつ状態を引き起こして、絶え間ないストレス状態に陥《おちい》り、コルチゾールの過剰な分泌を引き起こし、脳を蝕《むしば》んでしまうのです。

そのような状態から脱するのがマインドフルネスです。

マインドフルネスの本質は、「今を味わうことによる注意の再訓練」です。これは、心地よい感覚的特徴に注意を払いながら、その刺激によって引き起こされる肯定的な感情と心地よい感覚に対するメタ認識を養うことです。

メタ認識というのは、自分が感じている感覚や感情、あるいは思考などに気づいていることです。たとえば、目の前の花を愛《め》でるとしましょう。花の心地よい色、香り、触ったときの質感など、感じられる五感すべてに注意を払い、それによって引き起こされる満足と喜びの感情を味わうようにします。あるいは、愛する人と手をつないで温かさとつながりの感覚を味わうことです。

ストレスを受けると脳では、不安やストレスに関わる扁桃体《へんとうたい》の活動が活発になります。すると人間らしい理性の座である前頭葉の働きが相対的に低下してしまいます。そのような状況で、理性的に物事を考えようとしてもうまくいかないでしょう。

抑うつや不安障害の患者は、状況を実際より悲観的に捉えてしまうといった「認知の歪《ゆが》み」があるのですが、それは不安や抑うつといった扁桃体の過活動によって、前頭葉の働きが落ちてしまうからなのです。

このようなとき、たとえば呼吸に注意を集中して、今ここでの体験に意識を向けて受け入れていくことで、扁桃体の過活動が抑えられます。そうすると相対的に前頭葉の機能も改善してきます。

この状態で改めて現実を見ると、冷静に状況を捉えることができるようになります。そこでストレスを抱えていたときには気づかなかった事実や、自分が置かれていた状況を極端に悪く捉えていたことに気づくことができるようになります。さらに自分の物事の捉え方が、否定的に歪んでいることにも気づくことができるでしょう。

こうして自分自身や状況を適切に理解して対応することができると、結果としてストレスが減るわけです。

マインドフルネスを長期間実施している人は、扁桃体の過活動が起きにくくなることも研究から明らかになっています。**感情に巻きこまれず、常に状況を冷静に観察することができる**ということです。

また幸せホルモンとの関係を検討した研究によると、**マインドフルネスを行うことで、ドーパミンとセロトニンが増える**ことがわかっています。

ドーパミンが増えることで、集中力や思考の柔軟性が高まります。またセロトニンの増加によって心が安定した状態になります。さらにセロトニンの代謝物のメラトニンが増加することで、睡眠の質が向上します。

そしてそれらとは逆に、抗ストレスホルモンのコルチゾールとノルアドレナリンが減少することから、ストレスが減ることもわかります。

＊化粧をしながら、ながら瞑想

マインドフルネスのエクササイズにはさまざまなやり方があります。詳細は他書に譲りますが、著者は本書のモットーである「楽しみながら、いつでもどこでも簡単にできる」に沿って、日常生活の中で自然にマインドフルネスのエクササイズを取り入れる方法をおすすめしたいと思います。

たとえば化粧をするときや、化粧落としをする場面でもよいのです。化粧をするときの肌の感覚や手の動きなどに意識を向けてみましょう。そのように注意の対象を制御するような訓練をすることで、自分への気づきが深まり、自分を肯定的に受け入れる自己受容の感覚が高まり、他者との関係が積極的になる、といった効果が確認されています。

さらに著者の実験では、顔を両手でプレスしながら、その感覚を味わうといった瞑想《めいそう》を取り入れると、実際にオキシトシンの分泌が高まり、皮膚のハリやツヤ、潤《うるお》いが高まるといった効果も確認されています。

*マインドフル・イーティング

食べながら行う瞑想もおすすめです。たいていの人は、1日3食、食べる機会があるので、その機会を利用するのです。

人は普段食事をする際に、ほとんど無意識のうちに、「提供された食べ物を残してはいけない」といったように、その量を基準に考えています。「提供された量」というのは、病院食などでなければ、ほとんどの場合、カロリー計算されたわけでもなく、何の根拠もないはずなのに、それを基準としてしまっているのです。

考えてみればおかしいことですね。レストランなどで提供された分量の基準というのは、つまり「視覚的手がかり」によって食べる量の基準を決めているのです。

その基準がいかに強いか、ということを示した興味深い研究を紹介しましょう。

米国のマーケティングを専門とするワンシンクたちは、レストランで実験参加者たちに、「通常のカップ」に入ったスープ、あるいは、底から「自動補給されるカップ」に入ったスープを提供しました。後者のカップは、参加者がある程度スープを飲むと、参加者に気づかれないようにスープがカップの底からゆっくりと自動で補給される仕組みになっていました。

そして参加者たちが、各々に割り当てられたスープをどの程度飲むか、などについて観察しました。結果として、「自動補給されるスープ」を飲んだ人たちは、「通常のカップ」に入ったスープを飲んだ人よりも、平均すると73%も多く飲んでいました。しかしそれにもかかわらず、飲んだ量を推定してもらった値では、どちらも変わりませんでした。

この実験から、まず人が食事をする際に、「提供されたものは残さず全部食べる」という社会的な規範がいかに強いはわかります。残したら「美味《おい》しくなかった」というメッセージを店の人に与えてしまうのを恐れているのかもしれません。

そしてもう1つ重要なことは、人は自分が食べる食事の量を、「満腹感」といった内的な手がかりを基に決めているのではなく、「視覚的手がかり」（つまり提供された量）といった外的な手がかりに基づいて決めているということです。

そして多くの人はそのような食べ方をしているので、ついつい食べすぎのカロリーオーバーになってしまうのです。スーパーやコンビニに行っても、一人用の弁当などは決まった量で売られています。一般的に加齢によって必要なカロリー数は減っていきますし、女性は男性よりも必要量は少ないので、「一人用の弁当」がちょうどいい人もいれば、多すぎる人も、少なすぎる人もいるはずです。

やはり心も身体も健康を維持するためには、一人一人が、自分にとってちょうどいい分量を「内的な手がかり」を基に判断しないといけないのです。

そのための方法がマインドフル・イーティングです。

やり方を紹介しましょう。

①4粒のレーズンを皿において、質感や大きさなどを観察します
②2、3回、大きく深呼吸をします
③指でつまんで、感触を確認します
④匂いを嗅いでみましょう
⑤1粒のレーズンを舌の上において、噛まずに食感や風味を味わいます
⑥ゆっくりと噛んでみましょう。その食感や味に意識を向けます

⑦ゆっくりと飲みこみます
⑧2粒目と3粒目も同じことを繰り返します
⑨4粒目のレーズンは、本当に食べたいのか、レーズンを手に取って食べるか否かを決めてください
⑩なぜそのような決定をしたのか考えてみます。決定のプロセス（考えたことや不安など）に気づくようにします
⑪気づきを呼吸に戻して終了します

◎マッサージは幸福実現の手段

マッサージは万能の幸福実現手段です。それは**マッサージによって、4つの幸せホルモンのすべてが放出される**からです。

最初にドーパミンとエンドルフィンが分泌されます。

ラットの実験では、特に背中にやや圧をかけてマッサージすると、ドーパミンの分泌が増えることがわかりました。ただ腹部の場合は、やや圧をかけるよりも、もっと軽い刺激のほうがドーパミンの分泌が増えました。

背中と同じように強めの圧をかけてしまうと、内臓を刺激するため、皮膚への刺激の効果が弱くなってしまうからと考えられています。人間でも同様です。

こうした背中へのマッサージは、エサレン®マッサージ（オイルマッサージ）など世界中の多くの手技で行われていて、快感を生み出す効果を持っています。

こうしてゆったりした柔らかい皮膚への刺激によってエンドルフィンが分泌され気持ちよさが高まり、ドーパミンも分泌されるため、もっとやってほしい、という欲求も高まるのです。

エンドルフィンは、心身の痛みや苦痛をやわらげる物質ですから、特にそのような状態にある人は、マッサージを受けると効果的です。実際、孤独の不安を味わったサルが、その後仲間からグルーミングを受けると、脳のエンドルフィンが増えて苦痛がやわらぐのです。

マッサージを始めて10分後あたりから、オキシトシンとセロトニンが出てきます。

皮膚にはC触覚線維という神経があり、柔らかくゆっくりした速度で動く刺激が皮膚に加わると、それが脳に伝わりオキシトシンが分泌されます。この刺激は、麻酔をかけた状態の人間でも、あるいは背中への空気刺激でも活性化されることから、マッサージをするときの状況や、誰にふれられるかといったことに関係なく、皮膚の刺激だけでもオキシトシンが出るのです。

オキシトシンの作用でストレスや痛みや苦痛が癒《いや》され、相手との親しい関係もつくられます。またマッサージを受けていると皮膚に繰り返されるリズミカルな刺激と相まって、不安がやわらいで心が安定してきます。セロトニンが出ている証拠です。

そしてセロトニンの代謝物であるメラトニンがつくられると眠くなってきます。マッサージは寝ていても脳に効いているので、効果は十分にあるのです。

さらに皮膚には、皮膚の状態をよくする線維芽細胞があります。そこにもオキシトシンの受容体が豊富にあります。オキシトシンがこの受容体にくっつくと、コラーゲンやヒアルロン酸といった皮膚の状態をよくする物質が分泌されて、皮膚のバリア機能が高まります。

実験では、皮膚をただ撫でるだけでも、受容体が活性化されました。セルフマッサージによっても、皮膚の状態がよくなることが期待できます。

＊セルフマッサージ

マッサージは心と身体を癒してくれますが、受けるためにはわざわざエステやマッサージの店に行く必要があります。家庭で気軽にマッサージの恩恵を受けたいとしても、やはり相手が必要です。

そこで本書では**セルフタッチ**をおすすめします。セルフタッチはいくつかのバリエーションがありますが、いずれも**ストレスや不安を即座に緩和する効果**があります。そしてさらに継続して行うことで、自分を慈《いつく》しみ大切にする気持ちを涵養《かんよう》する効果があります。

著者の研究では、**自分を労《いたわ》るような気持ちを込めて、ゆっくりと身体を撫でると、慈愛の気持ちであるセルフコンパッションが高まる**ことがわかっています。

大学生を対象に、ストレスを感じた場面で「大切な人にふれるようなやり方で自分にふれる」あるいは「大切な人からふれられるようなやり方で自分にふれる」やり方でセルフタッチをしてもらいました。するとどちらもセルフコンパッションが高まり、ストレスが緩和されることがわかりました。

このようなセルフタッチでは、自分にふれるときの気持ちがとても大切です。「大丈夫だよ」「こんなときは誰でも落ちこんで当然だね」などと自分を労る気持ちだけでもセルフコンパッションは高まりますが、それにプラスして自分に優しくふれることで、その優しい皮膚感覚によって相乗効果があるからです。

このことは、大切な人にふれるときにも同じことがいえるでしょう。つまり大切な人を慰めたり、愛情を伝えるタッチをするときには、相手を労るような気持ちを持ってふれなければ、それが伝わらないのです。

タッチはとても繊細なコミュニケーションですから、感情を持たずにふれるときと、相手に対する思いやりの気持ちを持ってふれるときとでは、相手に伝わるものはまったく違ってくるのです。

＊セルフタッチのバリエーション

最後に、セルフタッチのバリエーションを4つ紹介します。シチュエーションや用途に応じて使い分けるのがよいでしょう。

①バタフライハグ（Butterfly hug）

強いストレスやトラウマティックな出来事を経験したときに、その影響を小さくする即効性のある方法——

バタフライハグは、両手を胸の前でクロスし、左右の鎖骨の下あたりを交互にゆっくり刺激する方法です。もともとはＥＭＤＲ（眼球運動による脱感作と再処理法）という眼球を左右に動かすトラウマ治療の一環として行われていました。バタフライハグもＥＭＤＲと同じく、身体の左右領域に交互に皮膚刺激を与えると、左右の脳半球が交互に刺激されるため、バランスがとれることで効果を発揮します。自分自身で自分を抱きしめる感覚もあるため、他者に抱きしめられたかのような安心感もあります。

②スージングタッチ（Soothing touch）

自分が嫌いになって落ちこんでいるようなときに、自分を癒す効果的な方法——

たとえば親しい友人などが大失敗して落ちこんでしまったとき、多くの人は「大丈夫だよ。何とかなるよ。自分を責めないで」などと優しく思いやりのある言葉をかけて、優しくふれてあげるでしょう。しかし、自分が同じ失敗をしてしまったときはどうでしょう。「なんでこんな失敗をしてしまったんだ。私はバカでどうしようもない」などと自分を責めるのではないでしょうか。

しかしそれでは傷ついてますます落ちこむだけでしょう。こんなとき、自分自身にも親しい友人に接するように優しい言葉をかけて、優しくふれてみましょう。きっと心が慰められてまた頑張ろうと勇気がわいてくるはずです。

スージングタッチは、自分が大切な人にふれるときのように、自分自身にふれることをいいます。自分を抱きしめる、顔を両手のひらで覆う、座って両脚を抱えこむ（体育座り）、胸に両手を当てる、などさまざまなふれ方があります。

自分にとって、最も落ち着いて安心できるふれ方を見つけましょう。５分から10分程度でいいので、自分を労る言葉をかけながら自分にふれてみましょう。オキシトシンが分泌され気持ちが落ち着いてくるはずです。

毎日続けていると、セルフコンパッションが高まって、ストレスにも強くなります。

③セルフタッピング（Self-tapping）

ストレスでイライラしたり落ちこんでいるときにおすすめの方法——

タッピング（指先で身体を軽く叩く）にはいろいろなやり方がありますが、いずれのやり方も皮膚に心地よい刺激を与えることで、セロトニンやオキシトシンが分泌されてストレスや不安が緩和されます。

タッピングのテンポを変えると効果も変わります。左右の手で身体を1秒に1往復する程度のゆっくりしたタッピングではセロトニンが分泌されてリラックスする効果があり、もっと速くタッピングするとアドレナリンが分泌されて覚醒水準があがり、すっきりした気分になります。

朝起きたときや仕事の休憩などのときは速いタッピング、寝る前にリラックスするときなどはゆっくりしたタッピングをおすすめします。場所は、頭から顔、腕、お腹などに行うのがいいでしょう。

④フォアヘッド・タッピング（Forehead tapping）

イライラや不安を鎮めるのに即効性がある方法――

タフツ大学のロバーツが開発したものです。ストレスやイライラを感じてくると、脳の「作業や動作に必要な情報を一時的に記憶したり処理する能力」であるワーキングメモリがストレスでいっぱいになってしまいます。たとえば「しなくちゃいけないと思っている仕事がいっぱいあるのにしてない」「しているのに減らない」という状況や、「食べたいものがあるのに食べられない」などの葛藤もそうです。

こんなときにフォアヘッド・タッピング（額を5本の指先で軽くタッピングする）をすると、ワーキングメモリがフォアヘッド・タッピングの刺激で満たされていきます。ワーキングメモリには容量があり、同時に大量の情報が入ってくると、新しく入ってきたほうに処理能力を分配するため、新しい刺激で古い思考が追い出されていくのです。その結果、ストレスの原因となっていた思考がワーキングメモリから追い出され、脳も心もクリアになるのです。

◎歯みがきが幸福感を高める

女性は人生で、月経、妊娠、更年期などで、ホルモンレベルが大きく変化します。そしてその変化が実は口の病気と大きく関係していることはあまり知られていません。

たとえば女性は更年期に入ると、睡眠や抑うつ、イライラなど身体的にも心理的にもさまざまな症状が生じます。そして口の中でも、粘膜がやせる、細菌叢《そう》が変化する、歯槽骨《しそうこつ》（歯を支えている骨）のミネラル密度が減少するなど、さまざまな影響が現れてきます。

歯周病は、歯の周囲の組織を支持する歯ぐきが慢性的に炎症を起こす病気で、歯ぐきの細菌叢に異常が生じた結果として発生します。そして歯槽骨が吸収されてしまうことで歯の喪失につながる可能性があります。

また歯周病はうつ病と関係があることもわかっています。

では、それらの因果関係はどのようになっているのでしょうか。うつ病になった結果、歯周病になるのか、歯周病になった結果、うつ病を発症するのか、どちらが正しいのでしょうか。台湾

図40　歯周病が原因で抑うつ症状が高まる

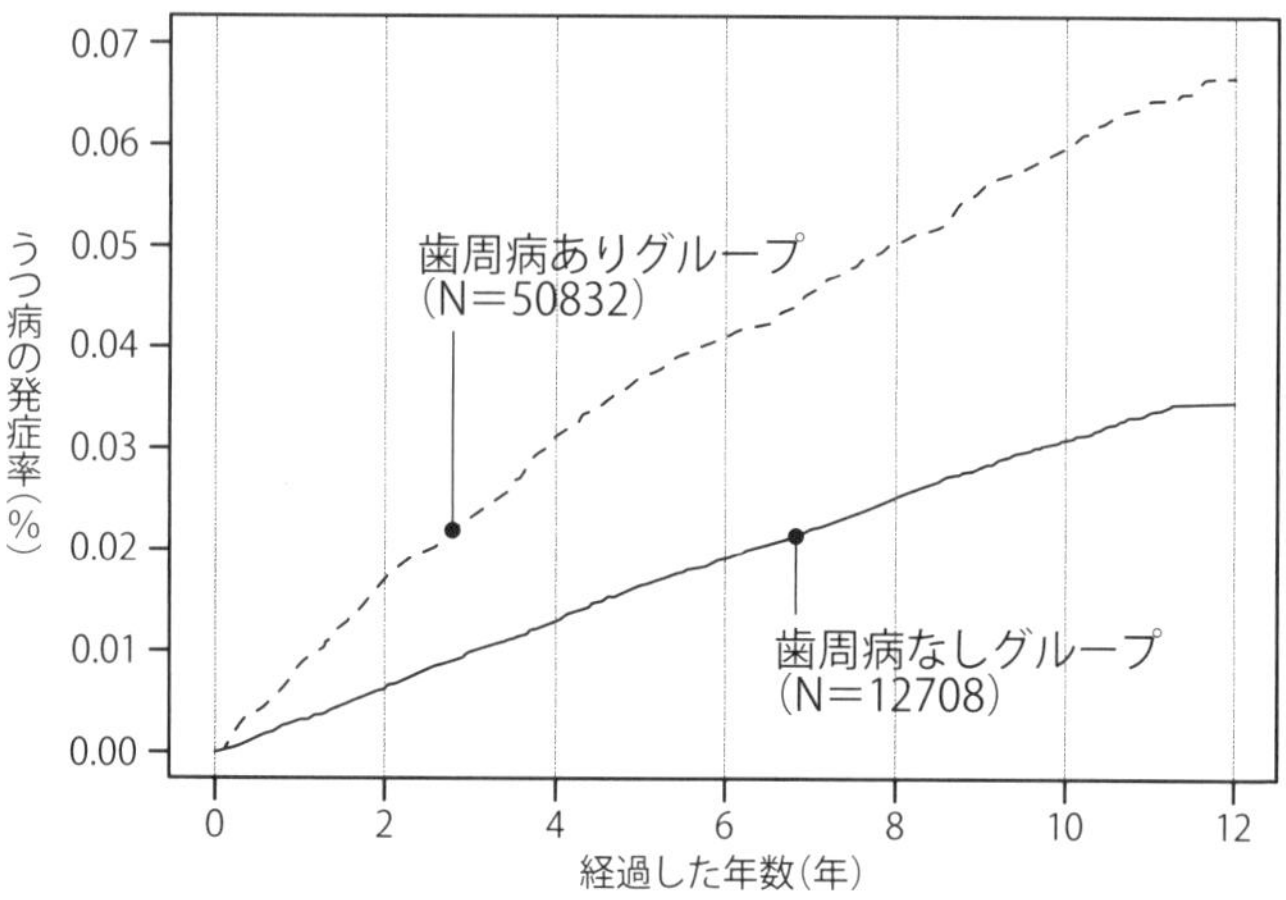

（出典：Hsu, C. C. et al.,2005 より引用）

の研究グループは、大規模な追跡調査を行い、「歯周病がうつ病のリスクになっている」ことを突き止めました（図40）。

　研究の結果、歯周病がない人に比べて、**歯周病がある人は、うつ病になる割合が1・6倍から1・8倍高い**ことがわかったのです。その理由として、歯周病は全身の免疫機能を撹乱《かくらん》させるため、それによってセロトニンがつくられなくなることが原因だと考えられています。

　それでは歯周病を予防するためにはどうしたらいいでしょうか。

　英国のパクソイたちの研究グループは、オキシトシンに歯周病の予防効果があることを発見しました。オキシトシンは、歯の細胞の

図41　幸福感を高める歯みがき

1
歯と歯ぐきの間の溝にブラシを 45 度の角度で当て、細かく横に振動させます。

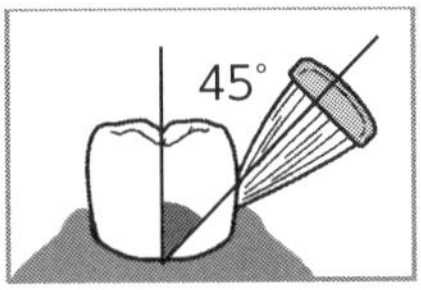

2
ブラシを歯の表面に垂直に当てて、歯と歯ぐきの間に毛先を入れ、細かく振動させます。

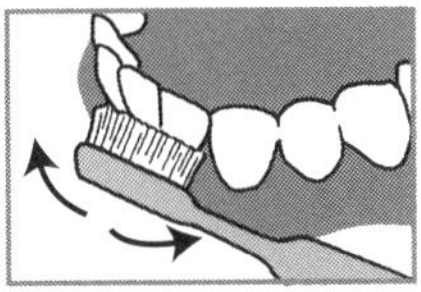

3
前歯の裏側や歯がでこぼこしているところは、縦に当ててみがきます。

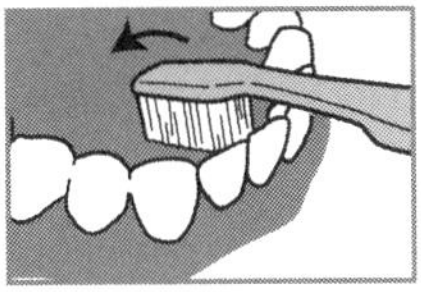

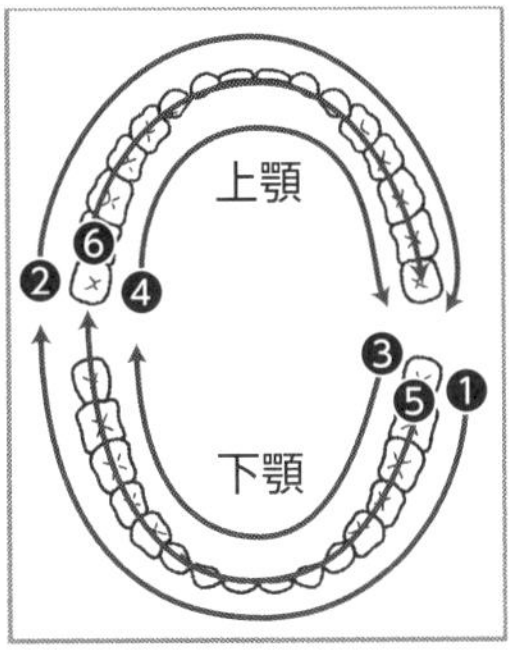

4
一筆書きのように順番にみがいていくと、みがき残しが減ります。

（くすりと健康の情報局（第一三共ヘルスケア）より引用）

代謝にも関わっていて、骨の形成を促進してくれます。そのため歯周病による骨の吸収を予防し、さらに酸化ストレスや炎症も抑えてくれるため、歯周病に有効な薬剤として注目されています。

予防はやはり歯みがきが大切です。ただ、通常の歯みがきのやり方に、本書で紹介する方法と組み合わせることで、幸福感を高める相乗効果が期待できます。

歯みがきをしているとき、今、どこをみがいているのかということに意識を向けるようにしましょう。こうすることでマインドフルネスの訓練になるのです。

①歯ブラシに歯みがき粉をゆっくりつける
②歯みがき粉を鼻の下に持っていき、香りを

かぐ
③歯ブラシをゆっくり歯と歯ぐきに当て、感触を確かめる
④1ヵ所を10往復ほど数えながらみがく
⑤図41のやり方で歯の外側、内側、噛む面の順に、すべての歯を意識しながらみがく
⑥雑念が浮かんだら、そのことに意識を向け、また続きからみがきはじめる

そして**図41**の順に一つ一つを意識しながら進めていきましょう。
歯みがきは、毎日最低1回はするでしょう。3食それぞれの後にみがく人もいます。ですから歯みがきの時間をマインドフルネスの訓練にすることで、わざわざマインドフルネスの時間をとらなくても、十分に注意のコントロールの訓練ができるのです。

さらに歯みがきで大事なことは、歯ぐきのマッサージです。これはセルフマッサージに他なりません。こうして軽く優しく心地よい刺激を心がけて歯ぐきをブラッシングすることで、オキシトシンの分泌を促してセルフマッサージの効果も得ることができるのです。
このように幸福感を高める歯みがきをすることで、効果をダブル、トリプルにすることができるのです。

第8章

幸福感が高まる生き方

◯仕事はストレス？

仕事はストレスですか？　実は仕事のやり方、捉え方によっては幸福感にも大きく関わっているのです。４つの幸せホルモンとの関係について紹介していきましょう。

まずはドーパミンです。

ドーパミンは、目標を定めてそれを達成しようとするときに分泌されます。特にやっていることが「楽しい」と感じるときに多く分泌されます。「仕事が楽しいなんてあり得ないよ」という声が聞こえてきそうです。

そのような人は、少しでも「楽しめる」ようにしてみるといいでしょう。単調でつまらない仕事だったとしても、「今日は1時間でここまでやってやろう」などと目標を決めて取り組むと、目標の達成のためにドーパミンが分泌されてやる気も出てくるはずです。

大きな仕事を任されたときは、それを小さく分割すると効果的です。大きい仕事のままだと、やる気を失いがちですが、小さく分割することで、目標が見えやすく達成しやすくなるため、やる気も高まります。それがドーパミンの分泌を高める1つの方法です。そして1つ1つをやり遂げたときには、自分自身にご褒美《ほうび》をあげましょう。

あるいは重要な仕事を任されて気が重いというような場合は、アンティシパトリーコーピング（Anticipatory-coping）を使いましょう。これは「そのような重い仕事は自分自身の能力を高めるチャンス」と捉え、チャレンジ精神で引き受けることです。そして達成するために予想される困難は事前に予測して準備をしておくようにするのです。

こうすることで、困難が起きてから対処するというコーピング（ストレスに対処する方法）ではなく、事前に準備して対処法を考えておくことでストレスを減らすことができ、積極的に関わることができます。

仕事も勉強もそうですが、「自分の能力を生かせること」「達成できる見込みが五分五分であること」の2つの条件が揃うと、「フロー状態」に入りやすいといわれています。フロー状態とは、米国の心理学者チクセントミハイが発見した概念で、没頭、夢中、熱中している状態のことで、自我を忘れて物事に集中し、あっという間に時間が過ぎ去ってしまう心理状態です（図42）。

フロー状態が多い人は、幸福感を感じやすいことが研究でわかっています。

あまりに簡単で挑戦のしがいもないような課題では退屈しか感じませんし、達成しても感動もありません。また自分のスキルレベルから見て達成が難しすぎる課題の場合は、心配や不安が優勢となって、やる気が出ませんね。

ですから少し努力すれば達成できるかもしれない、といった程度の難易度の課題を目標として設定すると、やる気が高まってフロー状態になれるのです。

図42　挑戦レベルとスキルレベルの組み合わせでさまざまな心理状態になる

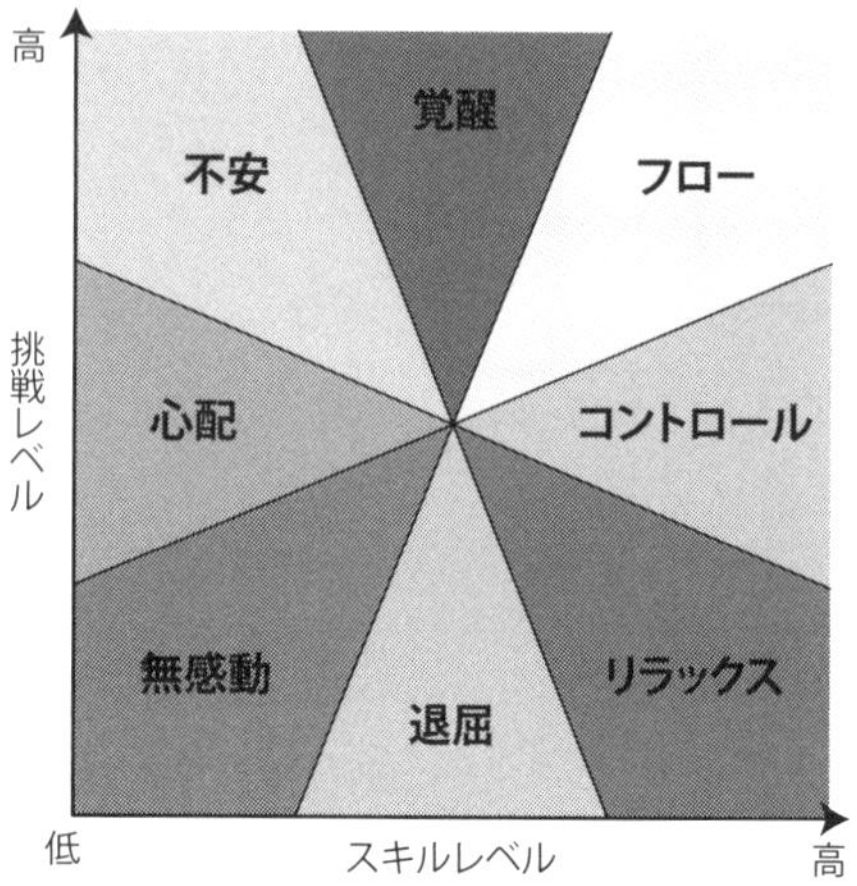

（出典：Csikszentmihalyi, M. (1997) より）

そして目標を達成すればエンドルフィンのご褒美がもらえます。

エンドルフィンは、「嬉しい」「幸せだ」と自己陶酔的な気分を生み出します。たとえ目標を達成できなくて気分が落ちこんでいるようなときでも、もう少し頑張ろうというエネルギーの源になってくれます。

休憩のときは仲間と一緒に外を歩きましょう。特に日光を浴びながら、筋肉を伸ばしながら歩くのが効果的です。短くて深い呼吸を何度かしてみると、エンドルフィンとともにセロトニンも分泌されます。

また休憩のお茶菓子を食べるときにも、マインドフル・イーティングなどをやってみるのも効果的です。甘味を少しずつ味わって食べれば、オキシトシンも分泌されます。

上司に叱られた、ミスをしてしまった、などのストレスがあったときには、セルフタッチをして穏《おだ》やかな心を回復しておくのもリカバリーに役立ちます。

◎感謝の気持ち

感謝の気持ちは、ドーパミンやオキシトシン、セロトニンの分泌を促します。そのため、幸福感を高めて健康を増進させてくれるのです。

D・カーネギー（1888―1955）は「深い思いやりから出る感謝の言葉をふりまきながら日々を過ごす、これが友をつくり、人を動かす妙諦《みょうてい》である」と述べています。

日本でも感謝はビジネスにも役立つといわれています。感謝する人は、相手から自分に何か利益になることをしてもらったから感謝の気持ちが生まれ、感謝される人は相手のためになる行為をして相手に喜んでもらうことで嬉しくなります。

こうして感謝する人とされる人のどちらもオキシトシンの分泌が高まります。すると、オキシトシン効果で相手との信頼関係も強まります。

感謝する人は、自分に利益を与えてくれた相手に対して、「何かお返しをしなくては」、という気持ちになります。こうして相手のために何かを返してあげるようになります。そして相手だけではなく、他の人に対してもその人のためになることをするようになるでしょう。こうして感謝の輪は職場の中で次々と広がっていきます。

職場全体で、感謝の言葉があふれるようになると、職場の雰囲気が穏やかで安心感に満ちたものになり、安らいだ気持ちになれるでしょう。そうした環境では人間関係の悩みも減り、そのエネルギーを仕事にかけることができるため、仕事への集中力が高まり、生産性が上がり、仕事の満足度が高まることも研究でわかっています。


感謝することは健康にもよい効果があります。

米国の心理学者マックラティらは、感謝と心拍数の関係について調べてみました（図43）。グラフの横軸の0秒から100秒までは、頭の中で過去にあった葛藤を思い浮かべてもらったときの心拍数を表しており、100秒からは頭の中で感謝をしてもらいました。すると**感謝をするだけで心臓の動きが穏やかになる**こともわかりました。

これはオキシトシンの作用だと考えられます。オキシトシンは副交感神経を優位にしてリラックス効果をもたらすからです。


ただし、ただ単に感謝したり、されるだけで単純に幸福感が高まるわけではありません。そこで、最も手っ取り早く幸福感を高める感謝の仕方について紹介しましょう。

まずは、感謝すべき「出来事」を1週間に1度でも意識して思い出すようにしてみましょう。

図43 葛藤を思い出すときと感謝しているときでは心拍が異なる

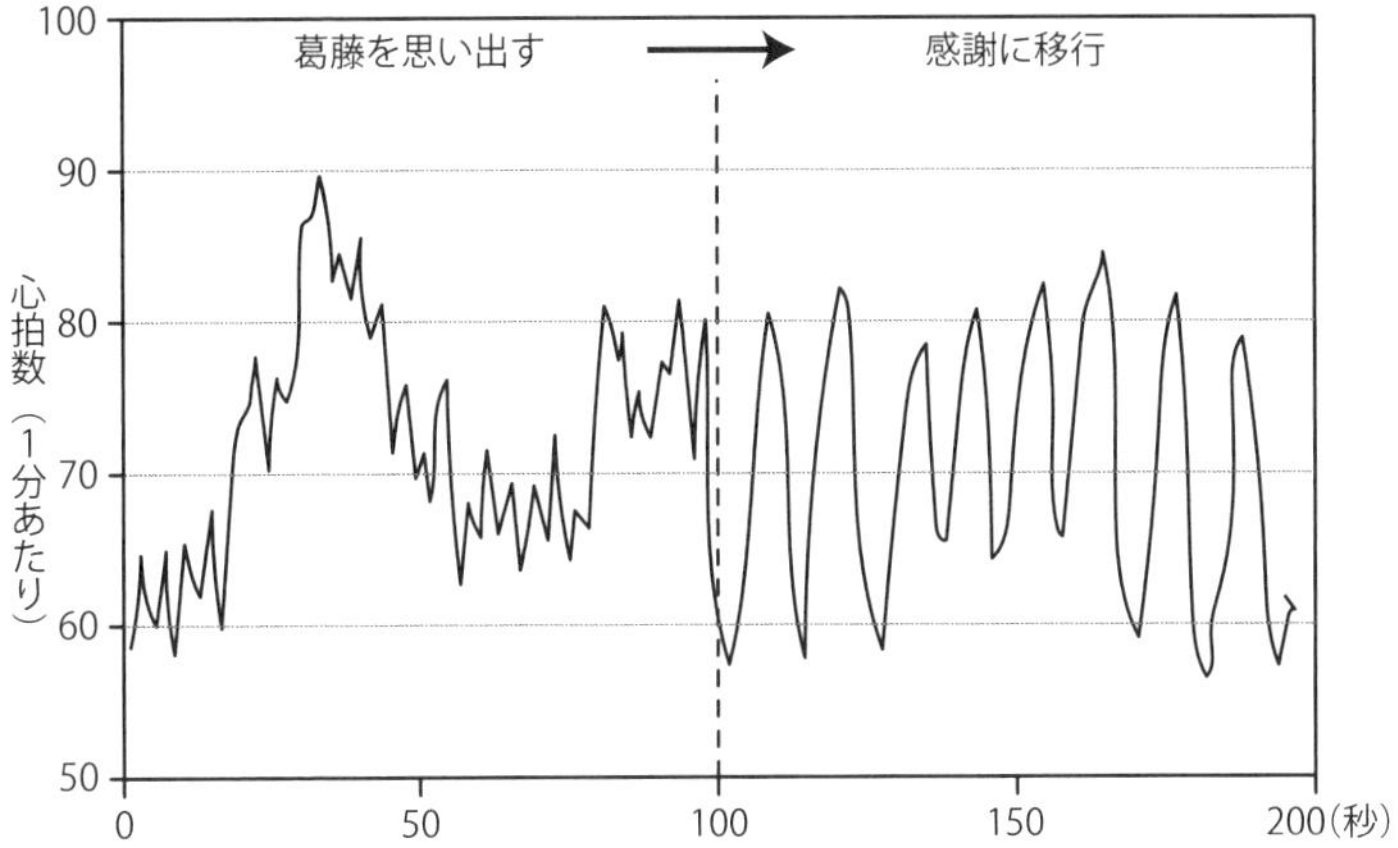

（出典：McCraty, R. & Childre, D. ,(2004) より）

たとえば職場の同僚が残業を手伝ってくれたとします。このとき、特に日本人は感謝の気持ちと同時に、「こんなにたいへんなことをさせてしまって悪いことしたなあ」「すまなかったなあ」といった負の感情も同時にわいてしまうのです。

感謝の気持ちと同時に負の感情も感じてしまうと、幸福感は相殺《そうさい》されてしまうのです。そこで、感謝すべき出来事を思い出すときには、相手のことではなく、「残業を手伝ってもらった」という出来事だけに焦点化して思い出すようにしましょう。

2番目は、感謝の気持ちを相手に伝えることです。感謝の気持ちは、相手に伝えないと対人関係に変化は生まれないのです。

感謝の気持ちを伝えるにはさまざまな手段がありますね。最も伝えやすいのは言葉だと思います。これも、「すみません」などの謝る言葉ではなく、ストレートに「ありがとう」と伝えるほうが相手の心に届くでしょう。言葉で伝えるのが恥《は》ずかしければ、メールなどで伝えても構いません。

そして最後に最も重要な点は、感謝されるような行動を実際にすることが、最も幸福感を高めるのです。

先に述べた通り、日本人は感謝する場合はどうしても、負の感情も同時に感じてしまい、オキシトシンも低下してしまいます。しかし感謝される場合は、負の感情はほとんど感じないはずです。「ありがとう」といわれたら純粋に嬉しくなり、そんな自分を誇りに思う自尊感情も高まります。

それが幸福感を高めるために最も効果的なのです。感謝されたかったら、まずは相手を利する行動をしてみましょう。

収入は幸福感を高めるか

あなたはお金持ちになりたいですか？　ほとんどの方が、「ＹＥＳ」と答えるでしょう。しかし年収と幸福の関係は、単純ではありません。

ブリックマンとキャンベルの２人の心理学者の研究で、**経済成長が人々の幸せに結びついてい**

ないという「幸福のパラドックス（paradoxes of happiness）」という現象が明らかになり、この現象について世界中で研究が行われるようになりました。

日本の調査によると、個人の年収では900万円までは、収入が多いほど幸福感も上がっていきますが、それを超えると頭打ちになります。世帯年収では1500万円程度であるようです。しかしこの数値も、研究によって大きく異なります。質問の仕方によって、異なる回答になるからです。

図44は著者が調査した結果です。幸福感は0（まったく幸福ではない）から10（非常に幸福）で測っています。

それによると、100万円未満の人の幸福感が最も低く（3・9）、幸福感が最も高いのは1500万～1800万円未満の人であり、およそ右肩上がりに上がっています。しかし年収が1800万円を超えると、なぜか幸福感は下がってしまいます。ある程度の余裕のある暮らしができれば、それ以上の収入があっても幸福感とは関係はないことがわかります。

それでもやはり収入が多いほど幸福を感じるという人は多いと思います。しかし単純ではありません。研究では、自分の所得の絶対的な水準だけではなく、とりわけ自分と社会経済的な属性がよく似ている他人の所得水準との相対的な関係に左右されることもわかっています。

図44　年収と幸福感の関係

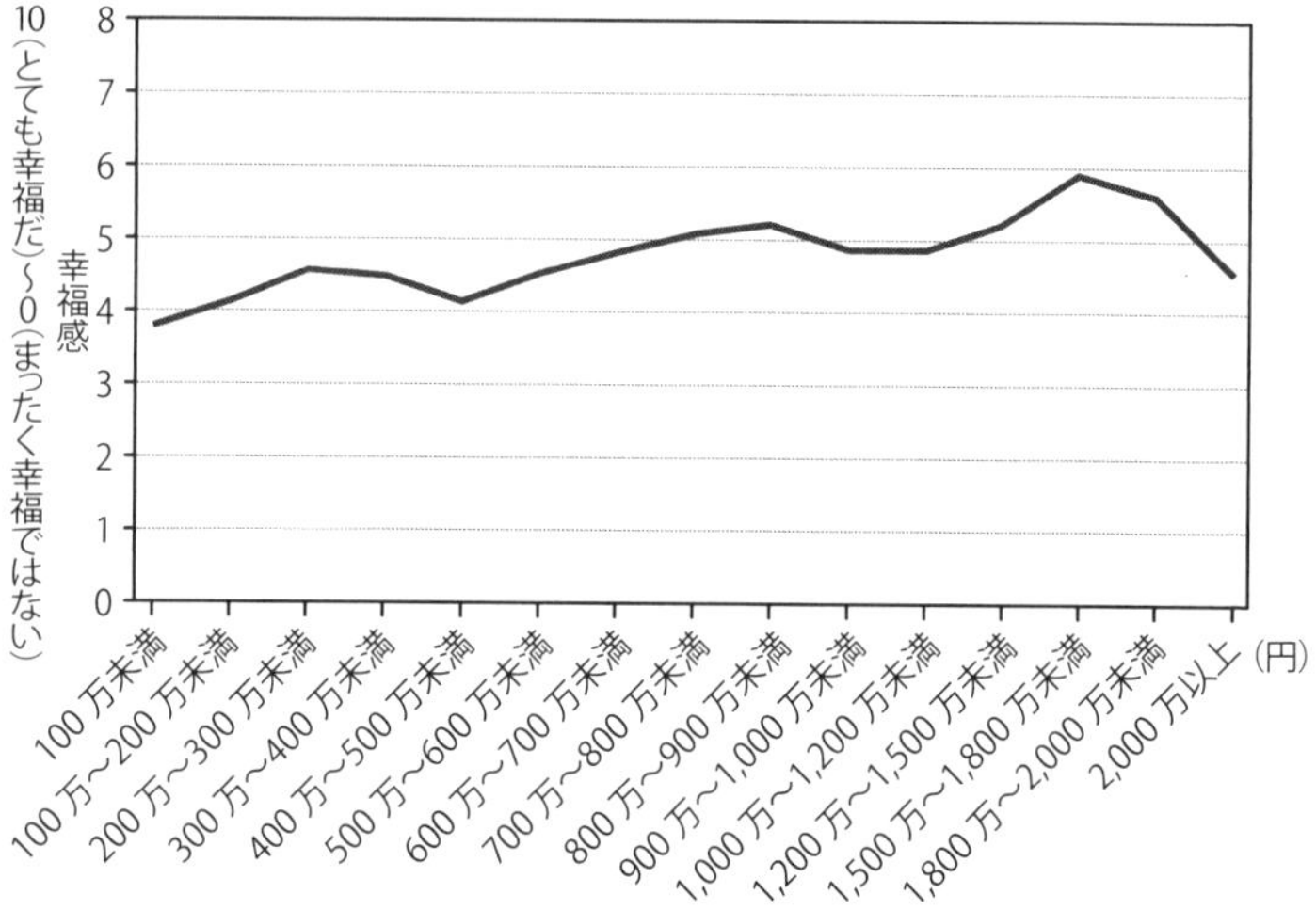

これは「相対的所得仮説」と呼ばれています。たとえば自分の年収が上昇したとしても、よく似た職業に就いている他の人の年収のほうがさらに高まった場合は、幸福感は低下してしまうのです。

大阪大学の筒井《つつい》義郎《よしろう》は、COEアンケート調査（2008年版）の質問で、「あなたの周りの人の世帯所得は、だいたいいくらぐらいの人が多いと思いますか」の回答結果を「参照所得（比較のための基準となる所得）」とみなして、相対所得仮説の検証を行いました。

その結果、幸福感は、絶対所得の増加の影響の半分強が参照所得の増加によって相殺されてしまうことがわかりました。

たとえば所得が500万円の人が900万円に上がったとしましょう。400万円の増加です。

　一方で周りの人の所得は５００万円から７００万円に上がったとします。周りの人は２００万円上がったわけです。その結果、幸福感は４００万─２００万、つまり２００万円分しか上がらないのです。

　幸福感は、絶対的な所得そのものよりも、他の人の所得と比べることで決まるのです。

　しかしここで参照所得の設定の仕方には注意が必要です。人は自分の同級生の所得をやや過大に評価する傾向があるのです。

　その結果、自分の所得のほうが低いと感じてしまい、幸福感を感じられにくくなってしまうのです。これはまさに１１３ページで紹介した社会的比較です。

　そのように人と比べた幸せをいくら感じても虚《むな》しいだけで意味がないと思いませんか？

　それよりも自分の仕事そのものにプライドややりがいを感じて幸せを感じられたほうが、揺るぎない幸せを感じることができると思います。

「胸を張って」自分の仕事の意味や大切さを自分に説明できるようになりたいものですね。今、「胸を張って」と書きましたが、これは誇りを持つということでもあり、セロトニンを分泌させる効果があります。

○職種や居住形態は幸福感にどう影響するか

職業によって幸福感は異なるでしょうか？

図45は著者がアンケートをした結果です。図を見ると、「医師・医療関係者」と「経営者・役員」が特に幸福感が高いことがわかります。また「公務員（教職員を除く）」も幸福感が高いようです。逆に幸福感が低い職業は、「自由業」「会社員（契約・派遣社員）」「パート・アルバイト」です。

もちろん前述のように、幸福感にはある程度、収入も関係していますから、職業の違いというよりも収入の違いといってもいいかもしれません。しかしもう1つ大事な視点として、このデータを見ると、安定しているか不安定か、という違いが挙げられます。

同じ会社員でも「正社員」は「派遣社員」や「パート・アルバイト」よりも幸福感は高く、「自由業」は最も低いのです。

このことから、幸せを感じるためには、安定している職業に就いていることも大事な条件だといえるでしょう。安定していて将来の不安がないことは、セロトニンの分泌をもたらします。

この安定しているか、不安定かという視点は、居住形態にも当てはまります。

図46のように、同じマンションでも、持ち家の人は賃貸の人よりも幸福感が高く、一戸建ての場合も同じ傾向があります。

図45　職業と幸福感

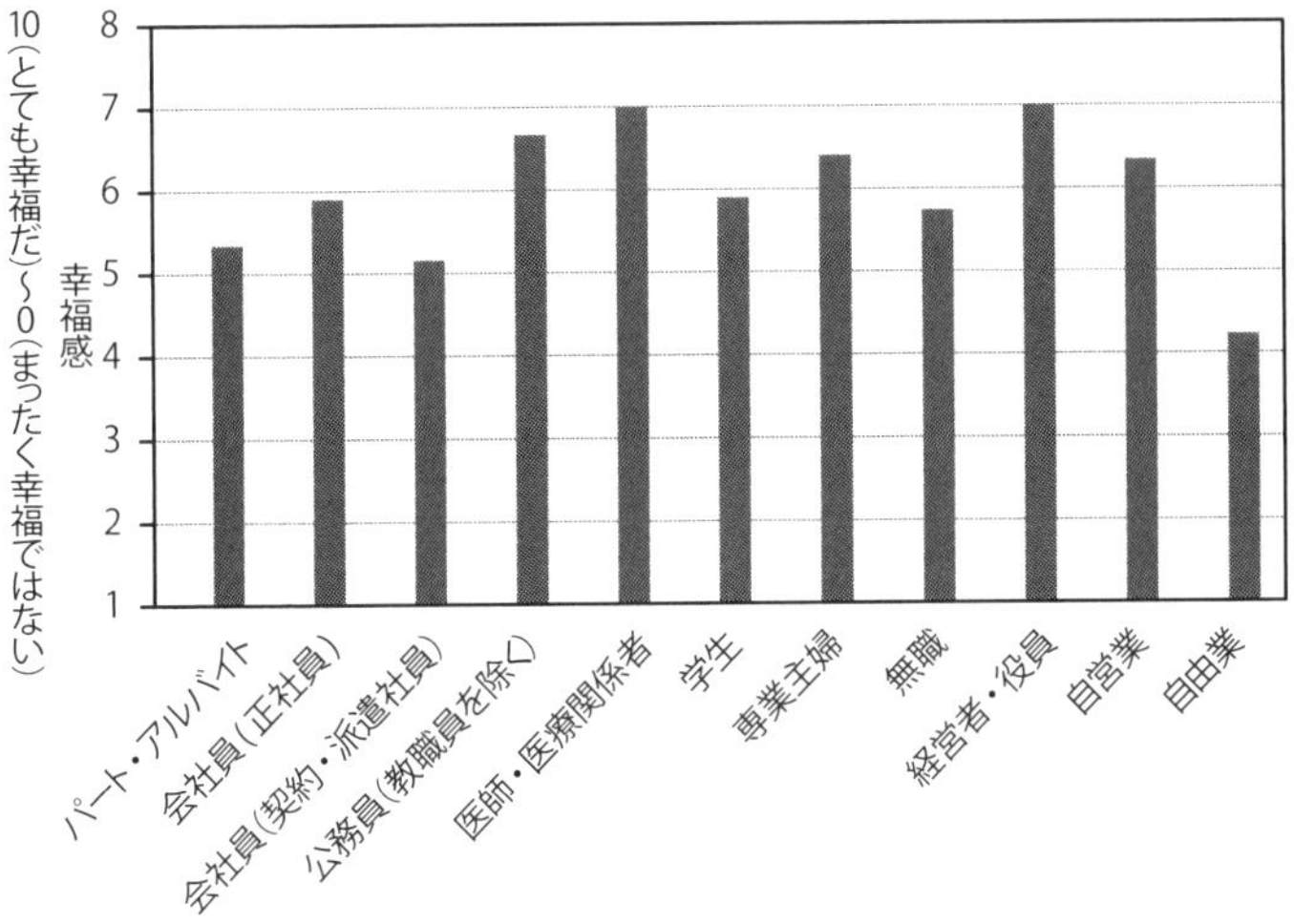

図46　居住形態と幸福感

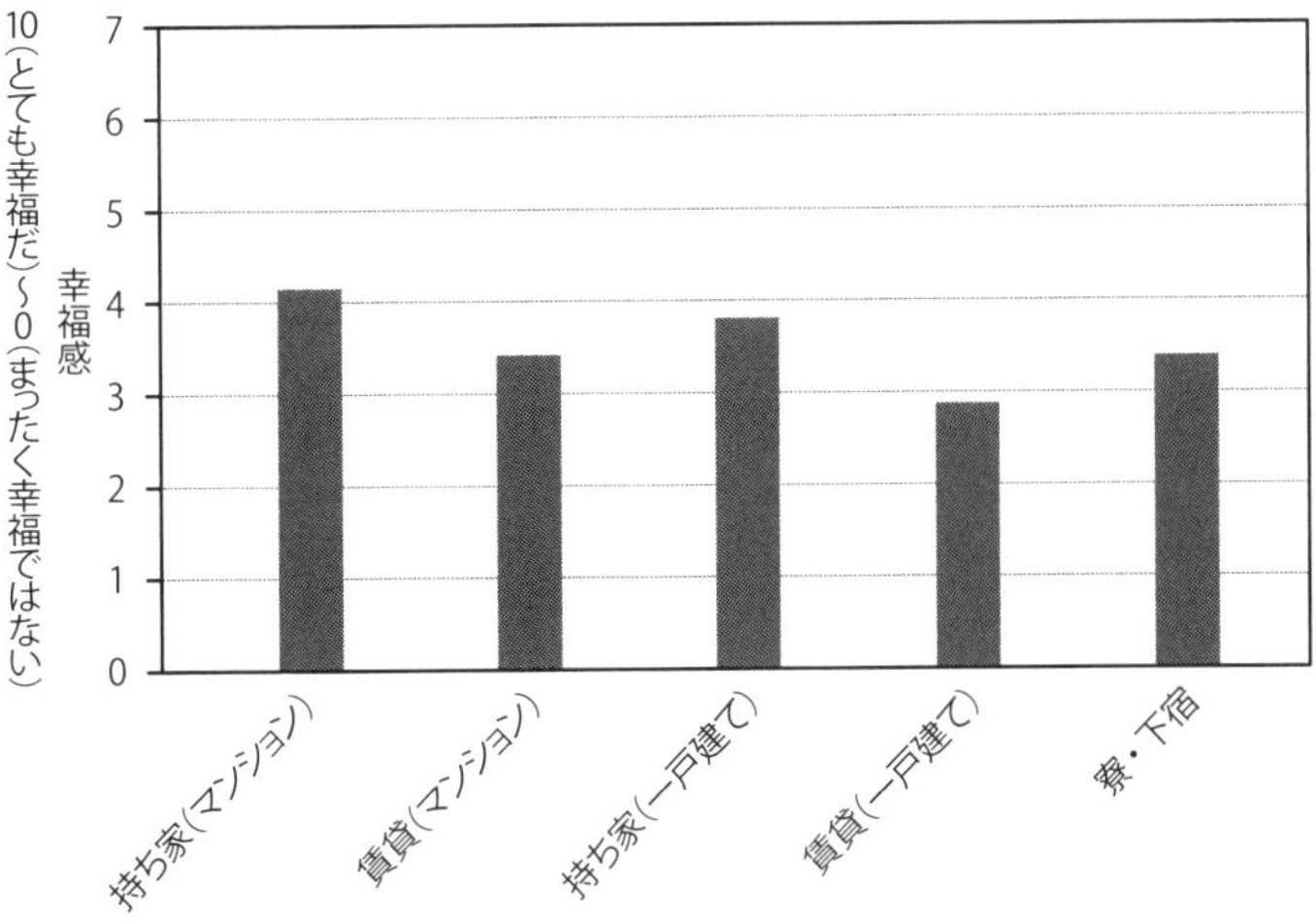

図47　ワーク・ライフ・バランス（流出効果と交差効果）

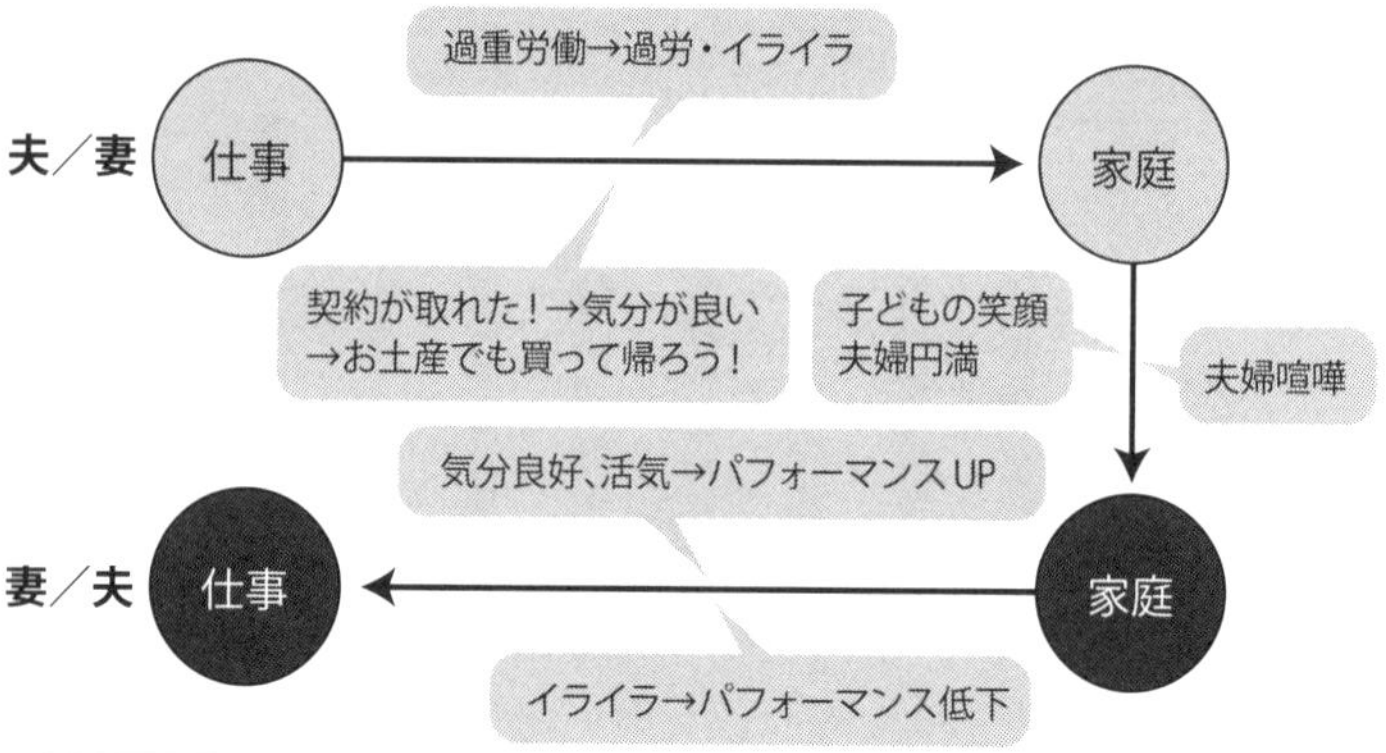

流出（スピルオーバー）効果：仕事→家庭、家庭→仕事（気分、価値、技術、行動）
交差（クロスオーバー）効果：人⇄人

（出典：ベネッセ教育研究所 HP より）

◎ワーク・ライフ・バランス調整法

次に仕事と家庭の関係についてみていきましょう（図47）。

仕事と家庭生活というのは、完全に分けることは難しいですね。

たとえば矢印の外側のように仕事で嫌なことがあったとすると、その影響を家庭に持ちこんでしまい、イライラして夫婦喧嘩になったことはありませんか。そのような影響を流出効果（スピルオーバー）といったりします。逆に、家庭で夫婦関係がギクシャクしていると、その影響が仕事に持ちこまれてしまい、イライラして仕事に支障が出てくることもあります。

流出効果には、矢印の内側のようによい影響もあります。仕事でのよい影響が家庭に持ちこまれ、それがまた仕事によい影響を与えるのです。

また、仕事の影響が家庭の夫婦関係や親子関係に出ることを交差効果（クロスオーバー）といいます。

ここで仕事のストレスを運動で解消しようとすると、失敗することがあります。運動はコルチゾールやテストステロンを増やすため、交感神経が優位になって、よけいに攻撃的になったり不安になったりして、家庭で悪影響が強く出てしまう可能性があるからです。

同じように、帰りに一杯飲んで解消しようとするのも同じです。

そのような場合は、シーソー（図13）の「今、ここ」のホルモンを強めるほうがいいのです。

次の方法をおすすめします。

①マインドフルネス
仕事の帰りや、家に帰って一人になったときなどに、自分の思考や感情に注意を向けて意識してみましょう。

すると、「自分はこんなに腹が立っているんだ」「上司のことを懲らしめたいと考えているんだ」などと、思考や感情と距離をとることができます。すると怒りやイライラの感情に巻きこまれることがなくなり、冷静さを取り戻すことができます。

②セルフタッチ

特にスージングタッチ（208ページ）がよいでしょう。仕事が終わって家に帰ってきたら、自分に優しくふれながら労《いたわ》ってあげましょう。決して自分を責めてはいけません。「俺は悪くないんだ」「あんなふうに怒られたら、落ちこんで当然だ」などと自分を大切にする言葉をかけながらふれると効果的です。

こうしてオキシトシンが増えて慈愛の心で満たされたら、決して他人に当たるようなことはなくなるでしょう。翌日はまた元気回復して仕事にいけるでしょう。

③サポートとスキンシップ

仕事であった嫌なことを妻や夫に打ち明けるのも大事なことです。話に共感して聞いてもらうだけで、オキシトシンやエンドルフィン、セロトニンが分泌されます。こうして自分のことを理解してサポートしてくれる身近な人がいると確認することで、励まされた感覚が生まれて落ち着いて元気が出てきます。

小さい赤ちゃんや犬や猫などのペットがいる家庭では、家に帰ってから赤ちゃんを優しく抱っこしたり、ペットを優しく撫でてあげましょう。するとオキシトシンが増えて、穏やかな気持ちになれます。ただし、赤ちゃんやペットに乱暴にふれそうだという心配がわずかでもあれば、やめておきましょう。

④ストレスを発散

ひとりカラオケで思い切り歌ったり、お笑いライブなどを観にいって大笑いしたり、人に知られないように泣くのもよいでしょう。こうしてエンドルフィンを増やすと、心の苦痛を癒《いや》してスッキリしてくるので、ストレスを家庭に持ちこまずにすみます。

◎マインドセットできる人、できない人

ここまで、仕事から幸せを得る方法や、ストレスを発散する方法について紹介しました。

しかしこのような方法をいくら紹介したところで、それを実行する人もいれば、しない人もいます。実行する人は、「幸せは自分で何とか手に入れることができる。今は幸福ではないけれど、自分の成長とともに幸せはいつか手に入るものなんだ」というような暗黙の考えを持っている傾向があります。

それに対して実行しない人は、「幸せは生まれつきの遺伝や環境で決まってしまうんだ。自分の成長や努力ではどうにもならないものなんだ」というように考えてしまっています。

しかし多くの研究結果によると、仕事も勉強も、自分の努力や成長でどうにかなるものだとわかっています。そしてそのように考えている人は、親しい友人も多く、対人関係から幸せを感じていたり、健康だったりするのです。

米国の心理学者クラムらの研究では、運動と仕事の関係について研究を行いました。研究では、ホテルの女性客室清掃員84人を2つのグループに分けました。

Aグループは、「ホテルの部屋の清掃の仕事はよい運動であり、米国の公衆衛生局の指針の活動量の推奨事項を満たしている」と告げられ、彼らの仕事がいかに運動になっているかを強調しました。Bグループはこういった情報は与えられませんでした。

介入から4週間後、情報を与えられたAグループは、特に運動が増えたとか食事に気をつけたといった変化はなかったにもかかわらず、Bグループと比べて、体重、血圧、体脂肪、ウエストヒップ比、BMI（肥満度）が減少していたのです。

この実験からわかることは、「仕事は健康に役立っているんだ」とマインドセットをすることで、本当に身体の健康度もよくなるのだということです。

実際、成長マインドセットを持っている人は、将来の成功の可能性について楽観的な評価をします。一方、うつ状態に陥《おちい》っている人は、現在の不幸は避けられないものであると信じている可能性があります。

そのため、幸せを追求することができないだけでなく、社会生活の中にある幸せを見つけられない可能性があります。

図48　身体活動の指標

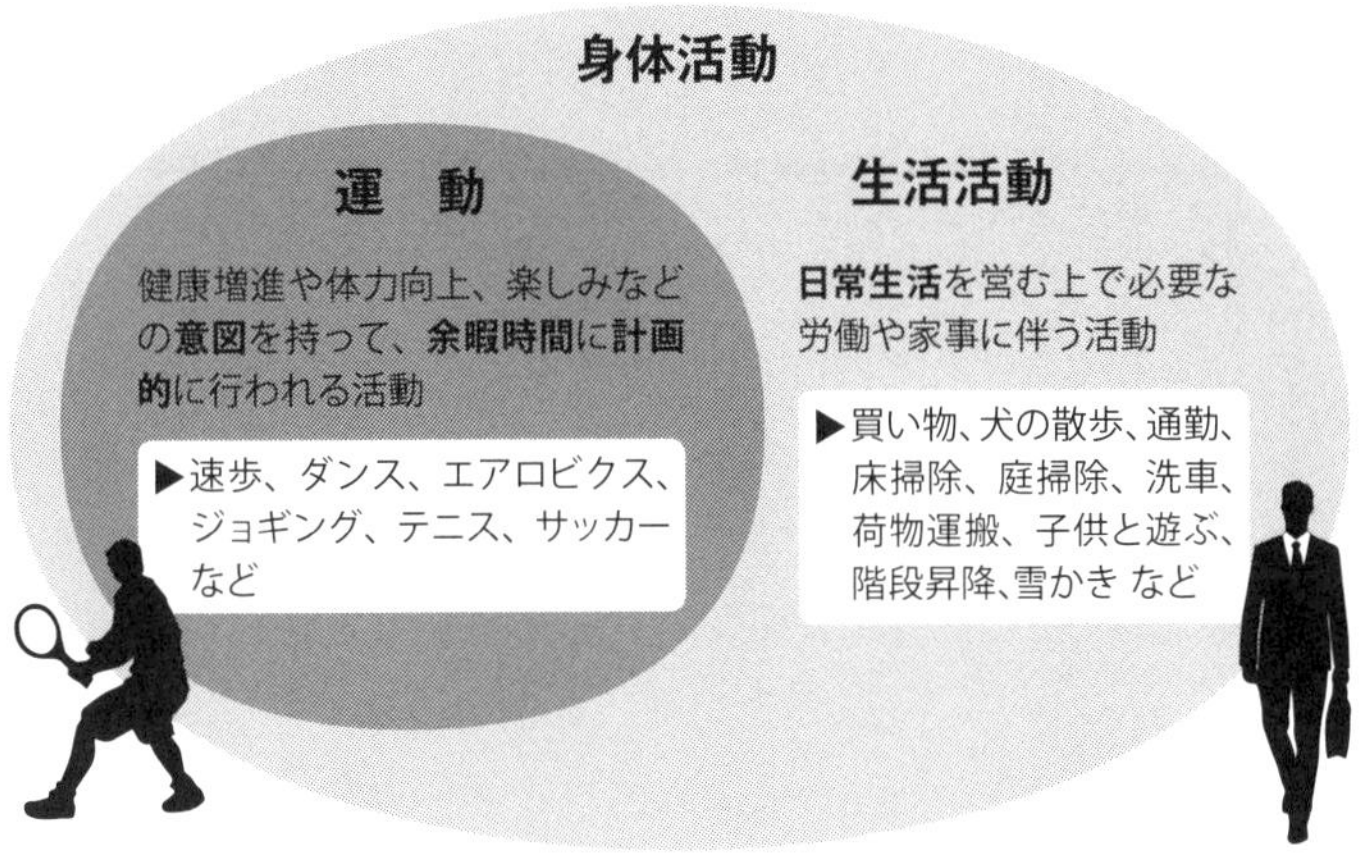
身体活動
運　動
健康増進や体力向上、楽しみなどの意図を持って、余暇時間に計画的に行われる活動
▶速歩、ダンス、エアロビクス、ジョギング、テニス、サッカーなど
生活活動
日常生活を営む上で必要な労働や家事に伴う活動
▶買い物、犬の散歩、通勤、床掃除、庭掃除、洗車、荷物運搬、子供と遊ぶ、階段昇降、雪かき など

（出典：厚生労働省HP 18歳から64歳の人を対象にした身体活動指針（アクティブガイド）から）

◯幸福感を高める日常生活のヒント

運動は確かに幸福感を高めてくれると同時に、健康度もアップさせてくれます。ただし、多くの方にとってはやはり「時間がない」「三日坊主で続かない」などの理由で、運動を続けることはかなりハードルが高いのも事実です。

そのような場合、日常の身体活動を増やしてみるだけでも、十分な効果を見込めるのです（図48）。

米国のテネシー健康科学センターのラティーナたちは、まずスマホ向けにアプリを開発し、それをダウンロードした人に対して、現在の幸福感や気分に関する質問をランダムに送信して、それらに回答してもらいました。

そして質問が送られる前の15分間、「歩いていましたか」「寝ていましたか」など何を

図49　身体活動量が多い人ほど幸福感が高い

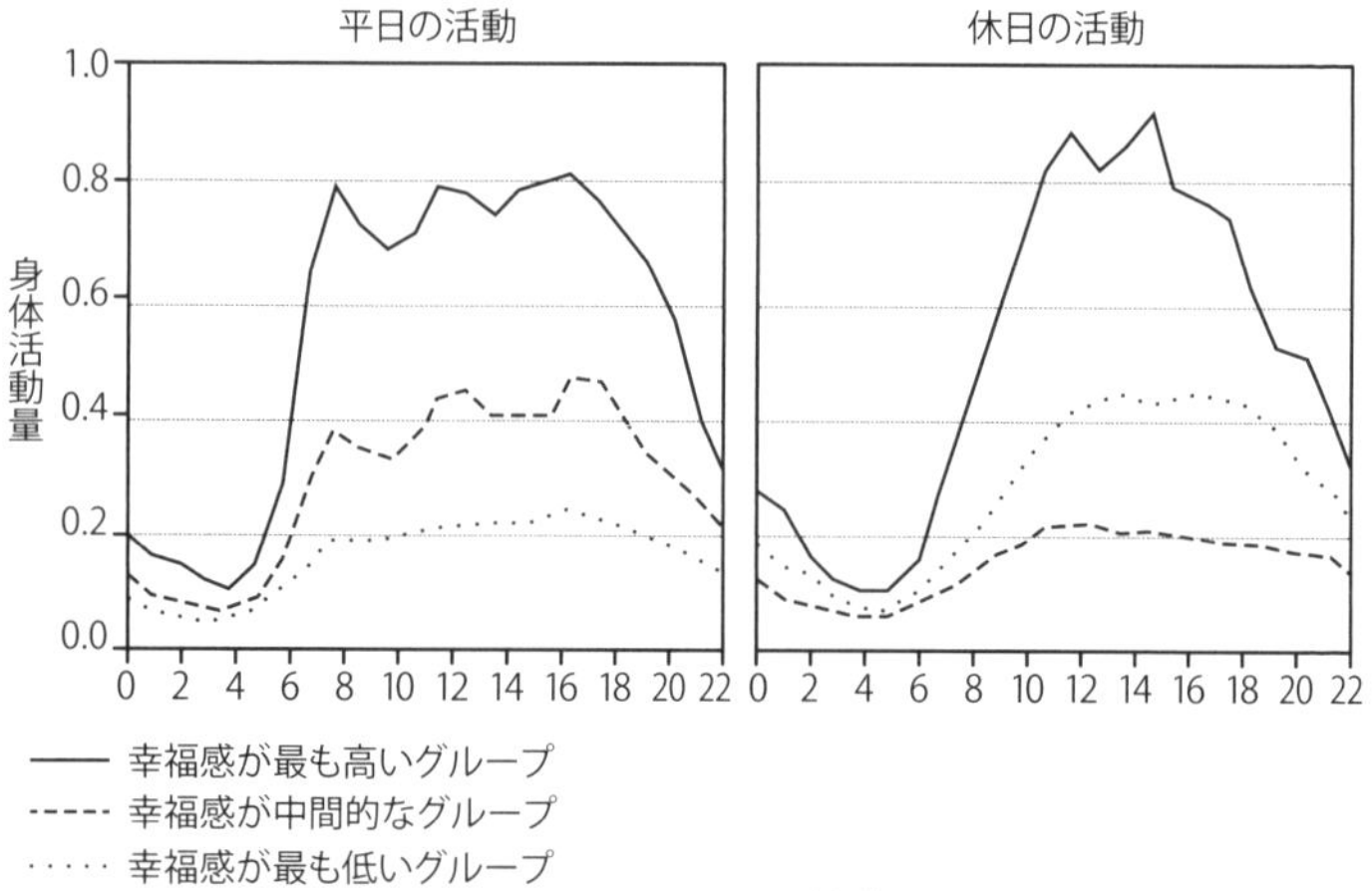

（出典：Lathia, N., et al.,(2017) より）

していたかについても尋ねると同時に、スマホで測定した身体活動量も送信してもらいました。この研究を17ヵ月間も行い、多くのデータを解析しました。

その結果、参加者が最も多くしていた活動は「歩いていた」というもので、ランニングやサイクリングなどの激しい運動をしていた人はほとんどいませんでした。ところが、どのような方法であっても、身体を動かしている人は幸福感が高いことがわかりました。しかもそのような傾向は、時間帯や平日、週末関係なく見られました（図49）。

また、身体を動かす頻度が高い人は、ほとんどの時間を椅子に座って過ごしている人よりも、幸福感が高いこともわかりました。

つまり、日中に身体を動かしている時間が長い人ほど幸福感が高かったのです。

図50　日常的な身体活動が日常の幸福感に！

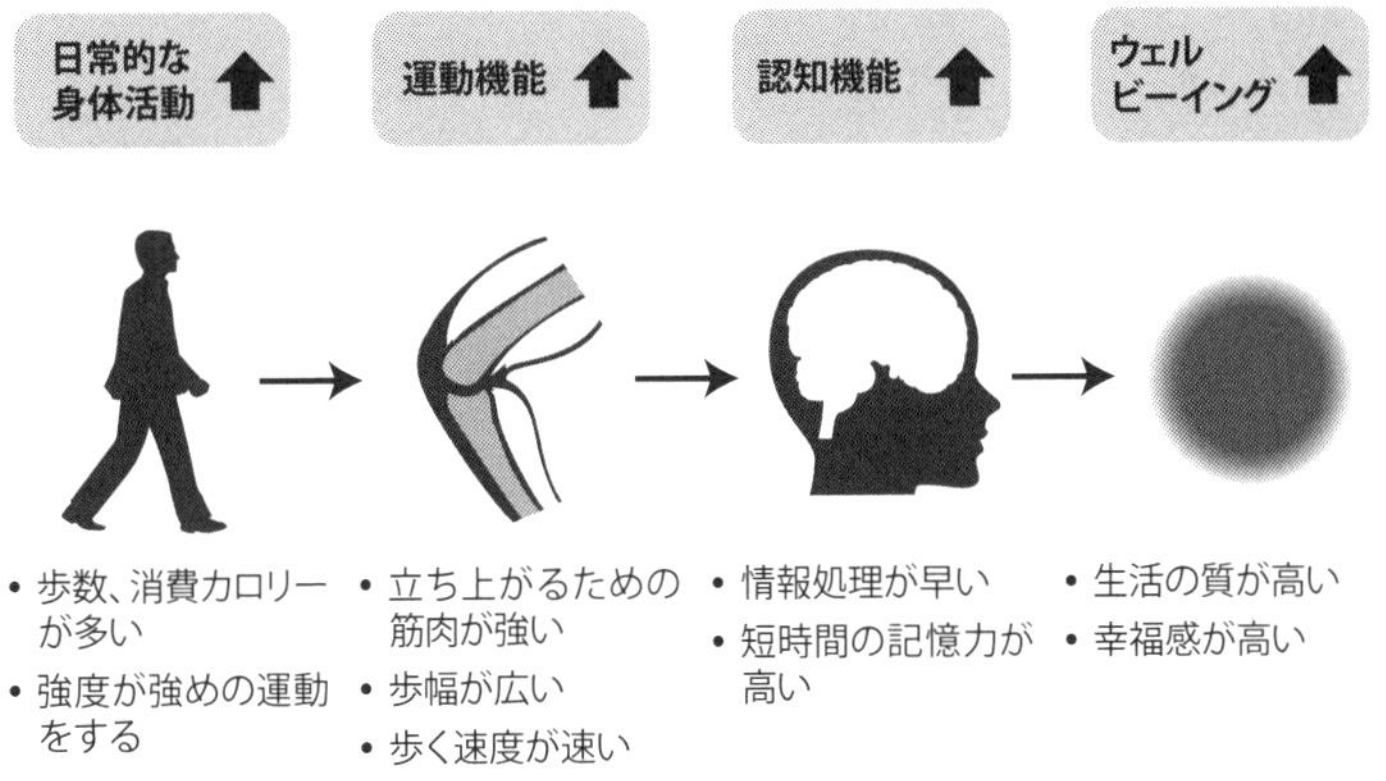

（出典：富山大学和漢医薬学総合研究所 HP より）

その後の研究で、1日にわずか10分だけでも身体活動を増やすだけで、日常の幸福感まで向上することもわかりました。

この点について検討した富山大学の稲田《いなだ》祐《ゆう》奈《な》らの高齢者を対象にした研究によると、日常的に身体活動を行うと、フレイルの予防といった身体的な効果だけではなく、幸福感も増加することがわかりました。

それは日常的な身体活動をすることで、運動機能がアップし、それが脳の機能もアップさせる効果を持つからです。その結果として日常の幸福感は上がるのです（図50）。

しかもこのような効果は年齢を問わず見られます。たとえば米国のスポーツ科学者ヨークらの研究では、小学生を対象に、ヨガを含むさまざまな身体活動を、週1回の割合で8週間やってもらいました。その結果、子どもたちの幸福感は大幅に上昇したのです。

このように身体活動の頻度と量は、幸福感を増大させます。

嬉しいことに、身体活動をわずかに増やすだけでも、幸福感に違いをもたらすのです。週に1回でも身体活動をしている人と、まったくしていない人では、幸福感には大きな差があるのです。

わずかでも身体を動かすことは心を動かすことにつながり、幸福感を高めてくれるのです。

著者略歴

１９６７年、静岡県に生まれる。早稲田大学大学院人間科学研究科博士課程を修了。専攻は、身体心理学、ポジティブ心理学。桜美林大学リベラルアーツ学群教授。臨床発達心理士。
著書には『手の治癒力』（草思社文庫）、『皮膚感覚の不思議』（講談社ブルーバックス）、『皮膚は「心」を持っていた！』（青春新書インテリジェンス）、『子育てに効くマインドフルネス』（光文社新書）、『からだの無意識の治癒力』『最良の身体を取り戻す』（以上、さくら舎）などがある。

幸福感《こうふくかん》の法則《ほうそく》
――４つ《よっ》の幸《しあわ》せホルモンを増《ふ》やすポジティブ心理学《しんりがく》

二〇二四年五月九日　第一刷発行

著者　山口《やまぐち》　創《はじめ》
発行者　古屋信吾
発行所　株式会社さくら舎　http://www.sakurasha.com
東京都千代田区富士見一-二-一一　〒一〇二-〇〇七一
電話　営業　〇三-五二一一-六五三三　ＦＡＸ　〇三-五二一一-六四八一
編集　〇三-五二一一-六四八〇　振替　〇〇一九〇-八-四〇二〇六〇
装丁　アルビレオ
装画　Shutterstock.com/Tanya Syrytsyna
本文図版制作　森崎達也・望月彩加（株式会社ウエイド）
本文ＤＴＰ　土屋裕子・田村浩子（株式会社ウエイド）
印刷・製本　中央精版印刷株式会社

ISBN978-4-86581-425-5